Вкусные штучки

Н. С. Полтавец

# ПРИГОТОВЛЕНИЕ БЛЮД НА ГРИЛЕ, МАНГАЛЕ, ФОНДЮ И БАРБЕКЮ

Ростов-на-Дону

«Феникс»

2007

УДК 641/642
ББК 36.991
КТК 521

**П52**

Полтавец Н. С.

П52  Приготовление блюд на гриле, мангале, фондю и барбекю / Н. С. Полтавец. — Ростов н/Д.: Феникс, 2007. — 240 с. — (Вкусные штучки).

ISBN 978-5-222-11292-2

Эта книга для тех, кто по-настоящему любит жизнь, любит природу и любит доставлять большие радости себе и своим близким!

Для удобства книга разбита на разделы «Гриль», «Мангал», «Фондю», «Барбекю». Также приведены полезные советы, которые помогут вам избежать ошибок.

Книга рассчитана на самый широкий круг читателей и диапазон ваших возможностей на сегодняшний день.

УДК 641/642
ББК 36.991

ISBN 978-5-222-11292-2  © Полтавец Н. С., 2007
© Оформление. ООО «Феникс», 2007

# ОТ АВТОРА

В каждом из нас живет дух древних времен. Не потому ли мы так часто стремимся к природе? Насладиться чистым пряным воздухом леса, послушать плеск волн, окинуть взглядом прекрасные дали. В книге, которую вы держите в руках, описаны рецепты блюд, имеющих корни в далеком прошлом. Пламя костра, запах дыма и приготавливаемой пищи, близость к природе — все это будит в нас память далеких предков. Как приятно отвлечься от каждодневной суеты и шума городов, отдохнуть душой и набраться свежих сил!

Эта книга для тех, кто по-настоящему любит жизнь, любит природу и любит доставлять большие радости себе и своим близким!

Книга рассчитана на самый широкий круг читателей и диапазон ваших возможностей на сегодняшний день. Блюда, описанные в этой книге, можно готовить на природе, в саду загородного дома и даже в обычной квартире на двадцать третьем этаже! Современные кухонные приборы дают для этого обширные возможности!

Для удобства книга разбита на разделы «Гриль», «Мангал», «Фондю», «Барбекю». Также приведены полезные советы, которые помогут вам избежать ошибок.

Приготовление блюд на гриле, мангале, фондю и барбекю

Цель автора — доставить читателю радость творчества. Поэтому в каждом рецепте раскрыты все тайны приготовления по-настоящему вкусного блюда. Никаких неожиданностей! Следуя рецепту, вы получите именно то, что в нем описано.

## ПОЛЕЗНЫЕ СОВЕТЫ

- Посуда, вилки, ложки и ножи не будут пахнуть рыбой, если перед мытьем протереть их долькой лимона.

- При приготовлении блюда на барбекю или мангале угли должны быть раскаленными и не дымить.

- Шашлык во время жарки над углями необходимо сбрызгивать вином или маринадом.

- Мясо, рыбу, овощи, фрукты и зелень нужно мыть прохладной водой.

- Кальмары хорошо очистятся от пленки, если их ошпарить кипятком.

- Фондю лучше всего подавать не слишком горячим, чтобы не исчез вкус.

- Чтобы мясо или рыба не прилипли к решетке или крышке барбекю, их нужно хорошо нагреть, а потом положить мясо или рыбу.

- Во время приготовления на гриле или барбекю мясо или рыбу лучше всего смазывать при помощи кисточки.

# ГРИЛЬ

Приготовление блюд на гриле имеет большие преимущества. Интенсивное воздействие тепла закрывает поры на поверхности продуктов, что помогает сохранить сочность, аромат, полезные вещества и витамины. Вращение вертела способствует равномерному обжариванию со всех сторон. Блюда, приготовленные на гриле, имеют приятный внешний вид и потрясающе вкусны!

### Цыпленок бройлер

**1-й способ**

*1 бройлерный цыпленок (1,1 кг) • 1,5 ст. л. соли • 1 л светлого пива • 1 веточка эстрагона • 3 горошины душистого перца • 1 лавровый лист • 5 горошин черного перца.*

Тушку бройлера хорошо промыть и замариновать на 3 часа (маринад: соль, перец, лавровый лист, эстрагон, пиво). Затем цыпленка нанизать на вертел и жарить при помощи гриля в течение часа, периодически смазывая маринадом. Подавать с салатом из баклажанов:

## 2-й способ

*1 цыпленок бройлер (1,1 кг) • 1 лайм • 0,25 ч. л. майорана • 0,5 ч. л. мяты • 0,25 ч. л. розмарина • 0,25 ч. л. тимьяна • 0,25 ч. л. шалфея • 1 ч. л. соли.*

Тушку цыпленка хорошо промыть прохладной водой, натереть пряностями, солью и оставить на 20 минут. Затем цыпленка нанизать на вертел и жарить при помощи гриля в течение часа, периодически смазывая соком, выжатым из лайма. Готового цыпленка подавать к столу с белым хлебом и консервированной сладкой кукурузой.

## 3-й способ

*1 цыпленок бройлер (1,2 кг) • 50 мл винного уксуса • 0,25 ч. л. красного молотого перца • 1 зубчик чеснока • 1 ч. л. укропа • 0,25 ч. л. кориандра • 1 ч. л. соли • 50 мл кукурузного масла.*

Цыпленка хорошо промыть, сбрызнуть винным уксусом и оставить на 15 минут. Затем натереть пряностями, чесноком и солью. Нанизать на вертел и жарить при помощи гриля в течение часа, периодически смазывая кукурузным маслом. Подавать с салатом из краснокочанной капусты.

## Приготовление блюд на гриле, мангале, фондю и барбекю

### 4-й способ

*1 цыпленок бройлер (1,1 — 1,2 кг) • 0,25 ч. л. черного молотого перца • 0,3 ч. л. мяты • 0,25 ч. л. чабреца • 0,5 ч. л. эстрагона • 1 ч. л. соли • 50 мл белого сухого вина • 50 мл подсолнечного масла.*

Цыпленка хорошо промыть, облить вином с внутренней и наружной сторон, оставить на 15 минут. Затем натереть специями, солью и еще оставить на 15 минут. Затем цыпленка нанизать на вертел и жарить при помощи гриля, периодически смазывая маслом, до готовности. Готового цыпленка подавать с тушеным репчатым луком.

### 5-й способ

*1 цыпленок бройлер (1,1 кг) • 1,5 л воды • 1 ст. л. 9 % уксуса • 1 ч. л. соли • 1 лавровый лист • 2 горошины душистого перца • 3 головки репчатого лука.*

Цыпленка хорошо промыть и замариновать на 1,5 часа (маринад: вода, уксус, соль, лавровый лист, перец, мелко нашинкованный лук). Маринованного цыпленка нанизать на вертел и жарить при помощи гриля в течение часа, периодически смазывая маринадом. Подавать с отварным картофелем.

## 6-й способ

*1 цыпленок бройлер (1,1 кг) • 1 ст. л. столовой горчицы • 1 ч. л. соли • 0,25 ч. л. майорана • 0,25 ч. л. тимьяна • 0,25 ч. л. розмарина • 0,25 ч. л. шалфея.*

Цыпленка хорошо промыть, натереть солью, специями с внутренней и наружной сторон и оставить на 15 минут. Затем хорошо смазать горчицей внутри и снаружи. Нанизать на вертел и жарить при помощи гриля в течение часа. Подавать с отварным картофелем.

## 7-й способ

*1 цыпленок бройлер (1 кг) • 1 ч. л. соли • 0,5 ч. л. черного молотого перца • 0,5 лимона • 1 ч. л. тертого имбиря • 3 гвоздики • 1 яблоко • 1 головка репчатого лука • 3 зубчика чеснока • 50 мл растительного масла • х/б нитки.*

Цыпленка хорошо промыть, обсушить и натереть изнутри солью и перцем, а снаружи только солью. Затем внутрь цыпленка положить лимон, имбирь, гвоздику, лук, чеснок, яблоко и зашить брюшко белыми х/б нитками. Цыпленка нанизать на вертел, хорошо полить маслом. Жарить при помощи гриля в течение часа, периодически смазывая маслом. Затем цыпленка освободить от ниток. Подавать к столу с белым сухим вином и отварным рисом.

## Приготовление блюд на гриле, мангале, фондю и барбекю

### 8-й способ

*1 цыпленок бройлер (700 г) • 2 ч. л. соли • 1 ч. л. красного молотого перца • 70 мл подсолнечного масла.*

Цыпленка хорошо промыть, натереть солью, перцем внутри и снаружи и оставить на 7 минут. Затем цыпленка облить маслом, нанизать на вертел и жарить при помощи гриля 45 минут. Подавать с маринованным сладким перцем в томате.

### 9-й способ

*1 цыпленок бройлер (1—1,1 кг) • 50 мл оливкового масла • 1 ч. л. соли • 1 ч. л. красного молотого перца • 1 ст. л. крахмала • 100 мл белого сухого вина • 1 л охлажденной кипяченой воды.*

Цыпленка хорошо вымыть, положить в кастрюлю, залить водой, вином, добавить крахмал, закрыть крышкой и поставить в прохладное место на 3 часа. Цыпленка достать из маринада и дать стечь воде. Затем натереть солью, перцем, облить маслом, нанизать на вертел и жарить при помощи гриля 40–45 минут. Готового цыпленка выложить на блюдо. Подавать с маринованной капустой и клюквой.

## Бройлерный цыпленок с опятами

*1 цыпленок бройлер • 200 г опят • 1 головка репчатого лука • 2 ч. л. смеси карри • 1,5 ч. л. соли • 1 лайм • 40 мл подсолнечного масла • х/б нитки.*

Цыпленка хорошо вымыть и обсушить. Затем тушку сбрызнуть соком, выжатым из лайма, натереть солью и смесью карри. Грибы почистить, вымыть прохладной водой и отварить в подсоленной воде в течение 15 минут, затем откинуть их на дуршлаг и дать стечь воде. Лук почистить и нарезать полукольцами. Опята соединить с луком и уложить внутрь цыпленка. Отверстие зашить х/б нитками. Тушку облить маслом и нанизать на вертел. Жарить в духовом шкафу с помощью гриля. Готовую птицу снять с вертела, освободить от ниток и подавать к столу.

## Бройлерные грудки с бальзамическим уксусом

*4 грудки цыпленка бройлера • 2 ст. л. бальзамического уксуса • 0,25 ч. л. соли • 1 ч. л. смеси карри • 0,25 ч. л. сладкого молотого перца • 40 мл подсолнечного масла.*

Мясо хорошо вымыть прохладной водой, сбрызнуть уксусом и оставить на 30 минут. Затем мясо натереть солью, смесью карри, перцем, облить маслом, нанизать на вертел и жарить при помощи гриля 15–20 минут. Подавать с белым сухим вином.

### Бройлерные грудки в хлебном квасе

*3 грудки бройлерного цыпленка • 400 мл хлебного кваса • 30 г сливочного масла • 0,5 ч. л. соли • 0,25 ч. л. красного молотого перца.*

Грудки вымыть прохладной водой, положить в эмалированную кастрюлю, залить квасом, посолить, поперчить, закрыть крышкой и поставить в холодильник на 30 минут. Сливочное масло натереть на мелкой терке. Мясо достать из маринада, обсушить, положить на тарелку для гриля и посыпать маслом. Жарить в микроволновой печи с помощью гриля до готовности. Подавать с красным сухим вином.

### Курица в майонезе

*1 курица (900 г) • 100 г горчичного майонеза • 0,5 ч. л. соли • 100 мл красного сухого вина • 500 мл воды • 1 головка репчатого лука • 1 лавровый лист.*

Курицу хорошо промыть и замариновать на 1 час (маринад: соль, вино, вода, лавровый лист, мелко нашинкованный лук). Затем достать ее из маринада и дать стечь воде. Курицу хорошо смазать майонезом внутри и снаружи, нанизать на вертел и жарить при помощи гриля час. Подавать с икрой из баклажанов.

### Крылышки к пиву

*400 г куриных крылышек • 0,25 ч. л. черного молотого перца • 0,5 ч. л. соли • 0,25 ч. л. красного молотого перца • 0,5 ч. л. базилика • 2 зубчика чеснока • 30 мл подсолнечного масла.*

Крылышки хорошо промыть, натереть чесноком, пропущенным через чесночницу, и оставить на 10 минут. Затем крылышки натереть солью, перцем, базиликом и хорошо обмазать маслом. Крылышки нанизать на вертел и жарить при помощи гриля в течение 15–20 минут до образования золотистой корочки. Подавать с пивом.

### Куриные окорочка

*3 куриных окорочка • 500 мл воды • 50 мл красного сухого вина • 1 ч. л. соли • 0,25 ч. л. черного молотого перца • 0,25 ч. л. красного молотого перца • 0,25 ч. л. тмина • 70 мл растительного масла.*

Окорочка хорошо промыть и замариновать на 30 минут (для маринада: вода, вино). Маринованные окорочка натереть солью, перцем, тмином, нанизать

## Приготовление блюд на гриле, мангале, фондю и барбекю

на вертел и жарить при помощи гриля, периодически смазывая маслом, до готовности. Подавать с тушеными кабачками.

### *Цесарка*

**1-й способ**

*1 цесарка (800 г) • 0,25 ч. л. красного молотого перца • 0,25 ч. л. тмина • 0,25 ч. л. белого перца • щепотка укропа • 1 ч. л. лука (порошок) • 1 ч. л. соли • 50 мл подсолнечного масла.*

Цесарку хорошо промыть, натереть солью, специями, внутри и снаружи, и оставить на 20 минут. Затем облить маслом, нанизать на вертел и жарить при помощи гриля 45 минут, периодически смазывая маслом. Готовую цесарку подавать с черносливом.

**2-й способ**

*1 цесарка (800 г) • 0,2 ч. л. черного молотого перца • 0,25 ч. л. кориандра • 0,25 ч. л. мускатного ореха • 1 ч. л. лука (порошок) • 0,2 ч. л. красного молотого перца • 100 мл красного сухого вина • 0,5 ч. л. соли • 40 мл оливкового масла.*

Цесарку хорошо промыть, облить вином и оставить на 30 минут. Затем натереть тушку перцем, кориandром, мускатным орехом, луком, солью и оставить на 15 минут. Тушку нанизать на вертел и жарить при помощи гриля в течение 45 минут, периодически смазывая маслом. Подавать со свежим или консервированным ананасом.

### 3-й способ

*1 цесарка (800 г) • 2 лайма • 0,25 ч. л. черного молотого перца • 0,25 ч. л. аниса • 0,25 ч. л. перца паприка • 0,25 ч. л. мускатного ореха • 1 ч. л. укропа • 0,5 ч. л. соли • 50 мл подсолнечного масла.*

Тушку хорошо промыть, полить соком, выжатым из лаймов, и оставить на 15 минут. Затем тушку натереть пряностями, солью, снаружи и внутри, и оставить на 15 минут. Цесарку облить маслом, нанизать на вертел и жарить при помощи гриля в течение 40 минут. Подавать с авокадо.

## Грудка индейки

*300 г грудки индейки • 0,5 ч. л. соли • 0,25 ч. л. перца паприка • 30 мл оливкового масла • 50 мл белого сухого вина.*

Грудку промыть прохладной водой, положить в глубокую тарелку и залить вином на 30 минут. Затем натереть солью, перцем, облить маслом, нанизать на вертел и жарить при помощи гриля 20–25 минут. Подавать с салатом из свежих овощей.

### Голень индейки

*2 голени индейки • 1 ч. л. соли • 0,5 ч. л. майорана • 0,25 ч. л. тмина • 50 мл подсолнечного масла.*

Голени промыть, отбить, натереть солью, майораном, тмином и оставить на 30 минут. Нанизать на вертел, облить маслом и жарить при помощи гриля 40 минут. Подавать с красными свежими помидорами и белым хлебом.

### Куропатка с чесноком

*1 куропатка • 1 ч. л. соли • 0,25 ч. л. имбиря • 0,25 ч. л. красного молотого перца • 7 зубчиков чеснока • 40 мл подсолнечного масла.*

Тушку хорошо промыть, натереть внутри и снаружи солью, имбирем и перцем. Затем в тушке сделать 14 надрезов и в каждый надрез положить по 0,5 зубчика чеснока. Куропатку облить маслом, нанизать на вертел и жарить при помощи гриля до готовности. Подавать с тушеной морковью.

## Вкусные штучки

Гриль

### Куропатка с черносливом

*1 куропатка • 200 г чернослива • 1 ч. л. сладкого молотого перца • 2 ч. л. соли • 50 мл оливкового масла • х/б нитки.*

Куропатку хорошо вымыть, обсушить, натереть солью и перцем. Чернослив вымыть и положить в брюшко куропатки. Брюшко зашить х/б нитками. Фаршированную куропатку облить маслом, нанизать на вертел и жарить при помощи гриля до готовности. Готовую куропатку освободить от ниток и подавать к столу.

### Куропатка с черемшой

*1 куропатка • 4 черемши • 2 ч. л. соли • 50 мл подсолнечного масла • 0,5 ч. л. сладкого молотого перца • х/б нитки.*

Куропатку хорошо вымыть и обсушить. Внутрь куропатки положить черемшу и отверстие зашить х/б нитками. Затем тушку натереть солью, перцем, облить маслом и жарить при помощи гриля до готовности. Готовую куропатку освободить от ниток и положить на блюдо. Подавать с тушеной фасолью в томатном соусе.

## Домашняя утка

### 1-й способ

*1 утка (1,3 кг) • 1 ст. л. винного уксуса • 500 мл воды • 1 ч. л. соли • 0,25 ч. л. чёрного молотого перца • 0,25 ч. л. майорана • 2 головки репчатого лука • 50 г сливочного масла.*

Утку хорошо промыть прохладной водой и замариновать на 3 часа (маринад: вода, уксус, соль, перец, майоран, мелко нашинкованный лук). Утку достать из маринада и обсушить. Затем нанизать на вертел и жарить при помощи гриля 1 час 20 минут. Готовую утку смазать сливочным маслом. Подавать с красным вином.

### 2-й способ

*1 утка (1,1 кг) • 70 г сливочного масла • 2 яблока среднего размера • 1 ч. л. соли • 0,25 ч. л. красного молотого перца • 0,25 ч. л. имбиря • 100 мл красного сухого вина • 1,5 л воды • х/б нитки.*

Утку хорошо промыть и замариновать на час (маринад: вино, вода). Маринованную утку натереть изнутри и снаружи солью, перцем, имбирем и оставить на 10 минут. Яблоки очистить от кожицы и семечек, разрезать на две части и уложить внутрь утки. Отверстие зашить х/б нитками. Утку обмазать 50 г сливочного масла, нанизать на вертел и жарить при помощи гриля час, периодически смазывая остатками сливочного масла. Готовую утку освободить от ниток и яблок. Подавать к столу с овощным рагу.

## Перепелка

*2 перепелки • 1 лавровый лист • 0,5 ч. л. имбиря • 1 ч. л. соли • 2 виноградных листа • 100 мл красного сухого вина • 500 мл охлажденной кипяченой воды • 50 мл оливкового масла.*

Тушки перепелок хорошо вымыть, положить в эмалированную кастрюлю, залить маринадом (виноградные листья, вино, вода, соль, лавровый лист), закрыть крышкой и поставить в прохладное место на 5 часов. Тушки достать из маринада и дать обсохнуть. Затем натереть имбирем, облить маслом, нанизать на вертел и жарить при помощи гриля до готовности. Подавать с ананасами.

## Перепелиные грудки в кукурузном рассоле

*5 перепелиных грудок • 300 мл кукурузного рассола • 0,5 ч. л. сладкого молотого перца • 0,5 ч. л. соли • 70 мл кукурузного масла.*

Мясо вымыть прохладной водой, положить в эмалированную кастрюлю, залить рассолом, закрыть крышкой и оставить на 40 минут. Затем грудки достать из маринада, обсушить, хорошо натереть солью, перцем, облить маслом и нанизать на вертел. Жарить в микроволновой печи с помощью гриля. Грудки снять с вертела, нарезать тонкими пластинками и выложить на блюдо. Подавать с консервированной сладкой кукурузой.

## Фазан

### 1-й способ

*1 фазан (1,2 кг) • 2 ст. л. винного уксуса • 1 л воды • 1 веточка базилика • 1 веточка шалфея • 1 лавровый лист • 0,25 ч. л. красного молотого перца • 1 ч. л. соли • 60 мл оливкового масла.*

Фазана хорошо промыть, положить в стеклянную кастрюлю и замариновать (для маринада: вода, уксус, базилик, шалфей, лавровый лист), закрыть крышкой и оставить на 3 часа. Маринованную птицу достать из маринада и дать стечь воде, натереть солью, перцем, обмазать маслом, нанизать на вертел и жарить при помощи гриля час, периодически смазывая маслом. Подавать фазана с виноградом.

### 2-й способ

*1 фазан (1,1 — 1,2 кг) • 1 ч. л. соли • 1 ст. л. имбиря • 50 мл оливкового масла.*

Тушку хорошо промыть и обсушить. Приготовить смесь из имбиря, соли, оливкового масла и натереть ею тушку фазана изнутри и снаружи. Тушку нанизать на вертел и жарить при помощи гриля час. Подавать с зеленью и красным сухим вином.

## 3-й способ

*1 фазан (1,1 — 1,2 кг) • 1 банка консервированных ананасов (200 г) • 1 ч. л. смеси карри • 1 ч. л. соли • 50 мл подсолнечного масла.*

Тушку фазана хорошо вымыть и обсушить. Ананасы отделить от рассола. Фазана положить в эмалированную кастрюлю, залить ананасовым рассолом, закрыть крышкой и поставить в прохладное место на 2 часа. Фазана освободить от рассола, обсушить, натереть солью, смесью карри, облить маслом, нанизать на вертел и жарить при помощи гриля до готовности. Подавать с консервированными ананасами.

### Грудка куропатки

*1 грудка куропатки • 1 лимон • 0,25 ч. л. жгучего молотого перца • 1 ч. л. соли • 30 мл подсолнечного масла.*

Грудку хорошо вымыть прохладной водой, сбрызнуть соком, выжатым из лимона, и оставить на 10 минут. Затем мясо натереть солью, перцем, облить маслом, нанизать на вертел и жарить при помощи гриля до готовности. Подавать с соевым соусом и печеным картофелем.

### Тетерев с кукурузой

*1 тетерев • 50 г консервированной кукурузы с маринадом • 1 ст. л. соли • 0,25 ч. л. красного молотого перца • 2 л воды • 0,5 ч. л. семян горчицы • 1 ст. л. 9 % уксуса • 50 мл подсолнечного масла.*

Тушку хорошо промыть, положить в кастрюлю и залить маринадом на 3 часа (для маринада: вода, уксус, кукуруза с маринадом, перец, соль, семена горчицы). Тетерева достать из маринада, обсушить, облить маслом, нанизать на вертел и жарить при помощи гриля 1,1–1,2 часа. Подавать с салатом из яблок и белокочанной капусты.

### Свиные отбивные

*300 г мякоти свинины • 200 мл кисломолочного напитка • 0,5 ч. л. соли • 0,25 ч. л. красного молотого перца.*

Мясо хорошо вымыть, разрезать поперек волокон на три части и отбить. Затем мясо положить в глубокую тарелку, залить кисломолочным напитком и оставить на 1,5 часа. Кусочки достать из напитка, обсушить, натереть солью, перцем и жарить в микроволновой печи с помощью гриля до готовности. Подавать с красным вином.

### Сочная буженина с перцем

*500 г мякоти свиного мяса • 1 л молока • 1 лайм • 1 ч. л. красного молотого перца • 0,5 ч. л. соли • 50 мл подсолнечного масла.*

Мясо хорошо вымыть, положить в глубокую стеклянную тарелку, залить молоком и оставить на 3 часа. Затем мясо достать из молока, обсушить, сбрызнуть соком, выжатым из лайма, и дать полежать еще 15 минут. Затем свинину натереть солью, перцем, облить маслом и нанизать на вертел. Жарить при помощи гриля до готовности. Готовое мясо нарезать ломтиками и выложить на блюдо. Подавать с зеленью петрушки и дольками красных помидоров.

### Вырезка свинины с базиликом

*500 г вырезки свинины • 2 зубчика чеснока • 1 ч. л. соли • 0,25 ч. л. базилика • 0,25 ч. л. красного молотого перца • 50 мл подсолнечного масла.*

Мясо хорошо промыть, начинить нарезанным чесноком, натереть солью, базиликом, перцем и оставить на 10 минут. Затем мясо облить маслом, нанизать на вертел и жарить при помощи гриля час. Готовое мясо выложить на блюдо, нарезать ломтиками и посыпать зеленью петрушки. На гарнир подавать красный сладкий перец.

### Мякоть свинины

*1 кг мякоти свинины • 100 мл красного сухого вина • 50 мл подсолнечного масла • 3 головки репчатого лука • 5 зубчиков чеснока • 1 ст. л. сельдерея • 3 горошины душистого перца • 5 горошин черного перца • 1 лавровый лист • 1 ст. л. 9 % уксуса • 500 мл воды • 150 мл томатного соуса.*

Свиное мясо хорошо вымыть и замочить в маринаде на 12 часов (для маринада: уксус, вода, вино, лук и чеснок, мелко нашинкованные, перец, лавровый лист, сельдерей). Мясо достать из маринада, дать обтечь, облить маслом, нанизать на вертел и жарить при помощи гриля в течение часа. Мясо снять с вертела, выложить на блюдо, нарезать кусочками, полить томатным соусом. Подавать к столу с ржаным хлебом.

### Грудинка ягненка с красным перцем

*500 г грудинки ягненка • 70 мл оливкового масла • 0,5 ч. л. красного молотого перца • 2 ч. л. соли • 1 л молока.*

Грудинку вымыть, положить в эмалированную кастрюлю, залить молоком, закрыть крышкой и поставить в прохладное место на 2 часа. Затем грудинку достать из молока, обсушить, натереть солью, перцем, облить маслом, нанизать на вертел и жарить при помощи гриля до готовности. Подавать с красным сухим вином и красным сладким перцем.

## Мякоть баранины

*1 кг мякоти баранины • 2 ч. л. соли • 0,5 ч. л. красного молотого перца • 0,25 ч. л. черного молотого перца • 1 ч. л. эстрагона • 2 зубчика чеснока • 50 мл подсолнечного масла.*

Мясо хорошо промыть, натереть солью, перцем, эстрагоном, чесноком, пропущенным через чесночницу, и оставить на 30 минут. Затем мясо нанизать на вертел, обмазать маслом (30 мл) и жарить при помощи гриля час. Во время жарки мясо периодически смазывать маслом. Подавать с тушеными овощами.

## Окорок барана

*1 кг окорока барана • 3 зубчика чеснока • 2 ч. л. соли • 1 ч. л. красного молотого перца • 1 пучок сельдерея • 30 мл подсолнечного масла.*

Мясо вымыть, обсушить, хорошо натереть чесноком, пропущенным через чесночницу, и оставить на

5 минут. Приготовить смесь из соли, перца и мелко нарезанных листьев сельдерея. Приготовленной смесью натереть мясо и оставить на час. Затем облить маслом, нанизать на вертел и жарить при помощи гриля в течение 1,5 часа. Подавать это блюдо с жареными кабачками и томатным соусом.

### Баранья грудинка с тмином

*800 г бараньей грудинки • 2 зубчика чеснока • 1 ст. л. тмина • 0,5 ч. л. красного молотого перца • 1 ч. л. соли • 700 мл красного сухого вина • 50 мл подсолнечного масла.*

Мясо помыть, обсушить, сделать небольшие надрезы, положить в эмалированную кастрюлю, залить вином, закрыть крышкой и поставить в прохладное место на 3 часа. Затем чеснок мелко нашинковать и положить в надрезы, сделанные в мясе, натереть солью, перцем, хорошо посыпать тмином и оставить на час. Мясо облить маслом, нанизать на вертел и жарить час. Готовое мясо нарезать кусочками и подавать с дольками свежих красных помидоров.

### Баранья ножка

*1 ножка барана • 1 ч. л. розмарина • 5 зубчиков чеснока • 1 ст. л. соли • 1 ч. л. черного молотого перца • 50 мл оливкового масла.*

Ножку хорошо вымыть, обсушить, сделать надрезы и в каждый надрез положить чеснок, натереть солью, розмарином, перцем, облить маслом, нанизать на вертел и жарить при помощи гриля до готовности. Подавать с листьями салата и свежими красными помидорами.

## Отбивные из китового мяса

*300 г китового мяса • 1 ст. л. бальзамического уксуса • 0,5 ч. л. соли • 0,25 ч. л. черного молотого перца • 1 пучок укропа и петрушки • 50 г сливочного масла.*

Мясо хорошо вымыть, разрезать на пять частей, отбить, сбрызнуть уксусом и оставить на 20 минут. Затем мясо натереть солью, перцем и жарить в микроволновой печи с помощью гриля до готовности. Зелень петрушки и укропа вымыть и мелко нашинковать. Отбивные выложить на блюдо, смазать маслом и посыпать зеленью. Подавать с тушеной фасолью.

## Телятина в козьем молоке

*400 г мякоти телятины • 2 ч. л. соли • 1 ч. л. смеси карри • 50 мл подсолнечного масла • 1 л козьего молока • 1 пучок петрушки • 3 зубчика чеснока.*

Мясо хорошо вымыть, положить в эмалированную кастрюлю, залить молоком, закрыть крышкой и поставить в холодильник на 3 часа. Затем мясо достать из молока, обсушить, хорошо натереть солью, смесью карри, облить маслом, нанизать на вертел и жарить в духовом шкафу с помощью гриля. Мясо снять с вертела, обмазать чесноком, пропущенным через чесночницу, нарезать небольшими пластинками, выложить на блюдо и посыпать мелко нашинкованной зеленью петрушки. Подавать с морковным салатом.

## Сардельки

*5 сарделек • 1,5 ст. л. столовой горчицы • 40 г сливочного масла • 0,5 ч. л. соли • 0,5 ч. л. сладкого молотого перца.*

Сардельки освободить от оболочки, натереть солью и перцем. Масло натереть на мелкой терке. На каждой сардельке сделать вдоль по одному надрезу, заполнить их горчицей. Сардельки положить на тарелку для гриля и посыпать сливочным маслом. Жарить в микроволновой печи или духовом шкафу с помощью гриля. Подавать с томатным соком и гренками из пшеничного хлеба.

## Шпигачки

*3 шпигачки • 20 мл подсолнечного масла • 1 пучок петрушки • 0,25 ч. л. соли • 0,25 ч. л. черного молотого перца.*

Шпигачки очистить от оболочки. Зелень петрушки вымыть и мелко нашинковать. Шпигачки натереть солью, перцем, положить на тарелку для гриля и полить маслом. Жарить в микроволновой печи с помощью гриля 10 минут. Готовые шпигачки посыпать зеленью петрушки. Подавать с томатным соком и гренками из белого хлеба.

### *Шпигачки с чесноком*

*5 шпигачек • 5 зубчиков чеснока • 0,5 ч. л. соли • 0,25 ч. л. красного молотого перца • 40 мл подсолнечного масла.*

Шпигачки освободить от оболочки, натереть солью и перцем. Чеснок мелко нашинковать. На каждой шпигачке сделать по три глубоких надреза и в эти надрезы положить чеснок. Затем шпигачки положить на тарелку для гриля и полить маслом. Жарить в микроволновой печи или духовом шкафу с помощью гриля 10 минут. Подавать с ломтиками ржаного хлеба и томатным соусом.

### *Сосиски с томатным соусом*

*7 сосисок • 0,25 ч. л. соли • 0,25 ч. л. красного молотого перца • 40 мл томатного соуса • 50 мл подсолнечного масла.*

Сосиски очистить от оболочки, натереть солью и перцем. Затем на каждой сосиске сделать по одному надрезу вдоль и залить этот надрез томатным соусом. Сосиски положить на тарелку для гриля и облить маслом. Жарить при помощи гриля 7 минут. Подавать с салатом из сыра и чеснока.

### *Филе морского языка*

*500 г филе морского языка • 1 лимон • 0,5 ч. л. перца паприка • 1 ч. л. соли • 0,25 ч. л. розмарина • 50 мл оливкового масла.*

Филе хорошо промыть прохладной водой, сбрызнуть соком, выжатым из лимона, и оставить на 10 минут. Затем натереть солью, перцем, розмарином и облить маслом. Нанизать на вертел и жарить при помощи гриля 20 минут. Подавать к столу с салатом из моркови.

### *Филе морского языка с зеленью петрушки*

*300 г филе морского языка • 0,5 ч. л. соли • 0,25 ч. л. молотого черного перца • 1 ч. л. бальзамического уксуса • 30 мл оливкового масла • 1 пучок петрушки.*

Филе хорошо вымыть прохладной водой, сбрызнуть уксусом и оставить на 30 минут. Затем филе нарезать тонкими полосками, посолить, поперчить, облить маслом и положить на тарелку для гриля. Жарить в духовом шкафу с использованием гриля 12 минут. Петрушку вымыть и мелко нашинковать. Готовое филе посыпать зеленью. Подавать с маринованными баклажанами.

### Форель в горчице

2 форели • 1 лайм • 50 г столовой горчицы • 0,5 ч. л. соли • 5 горошин душистого перца • 50 г сливочного масла.

Рыбу почистить, промыть прохладной водой, натереть солью, снаружи и внутри, и оставить на 5 минут. Тем временем приготовить соус из горчицы, сока, выжатого из лайма, и душистого толченого перца. Приготовленным соусом смазать рыбу внутри и снаружи. Рыбу нанизать на вертел и жарить при помощи гриля до готовности. Готовую рыбу выложить на блюдо и смазать сливочным маслом. Подавать к столу с отварным картофелем.

### Салака в маринаде

4 крупных салаки • 40 мл соевого соуса • 1 ч. л. сладкого молотого перца • 50 мл оливкового масла.

Рыбу почистить, хорошо промыть прохладной водой, положить в эмалированную кастрюлю, залить соевым соусом, закрыть крышкой и оставить на 20 минут. Затем салаку достать из соуса, обсушить, натереть солью, перцем, облить маслом, нанизать на вертел и жарить при помощи гриля до готовности. Подавать с маринованными баклажанами.

## Горбуша в молоке

1 горбуша (700—800 г) • 1 л молока • 2 ч. л. соли • 50 мл подсолнечного масла • 1 пучок петрушки.

Рыбу почистить, вымыть прохладной водой, положить в эмалированную кастрюлю, залить молоком, закрыть крышкой и поставить в прохладное место на час. Горбушу достать из молока, обсушить, натереть солью, облить маслом, нанизать на вертел и жарить при помощи гриля до готовности. Готовую рыбу посыпать мелко нашинкованной зеленью петрушки. Подавать с салатом из спаржи.

## Лобан

600 г лобана • 1 ч. л. соли • 2 ч. л. концентрированного лимонного сока • 0,5 ч. л. черного молотого перца • 100 г сливочного масла.

Рыбу почистить, хорошо вымыть, полить лимонным соком и оставить на 15 минут. Затем рыбу натереть солью, перцем, маслом (40 г), нанизать на вертел и жарить в духовом шкафу с использованием гриля до готовности. Готовую рыбу снять с вертела и посыпать маслом, натертым на мелкой терке. Подавать со свежими овощами и красным полусухим вином.

Вкусные штучки

Гриль

## Морской окунь

 1 крупный морской окунь • 0,5 ч. л. соли • 0,5 ч. л. майорана • 3 ст. л. оливкового масла • 1 пучок укропа.

Рыбу почистить, хорошо промыть прохладной водой, натереть солью, майораном, снаружи и внутри, облить маслом, нанизать на вертел и жарить при помощи гриля до готовности. Готовую рыбу выложить на блюдо и посыпать зеленью укропа. Подавать с печеным картофелем.

## Линь в яблочном уксусе

 1 линь • 1 ч. л. соли • 0,25 ч. л. черного молотого перца • 0,25 ч. л. тмина • 1 головка репчатого лука • 1 ст. л. яблочного уксуса • 500 мл воды • 30 мл подсолнечного масла • 1 пучок укропа.

Рыбу почистить, хорошо вымыть, положить в эмалированную кастрюлю, залить водой, уксусом, добавить мелко нашинкованный лук, закрыть крышкой и оставить на час. Затем рыбу достать из маринада, обсушить, натереть солью, перцем, тмином, облить маслом, нанизать на вертел и жарить при помощи гриля до готовности. Готовую рыбу посыпать зеленью укропа и подавать к столу.

# Приготовление блюд на гриле, мангале, фондю и барбекю

## Сиг, фаршированный спаржей

*1 сиг • 200 г спаржи • 0,25 ч. л. майорана • 1 ст. л. соли • 1 ч. л. сладкого молотого перца • 50 мл подсолнечного масла • х/б нитки.*

Рыбу почистить, хорошо промыть прохладной водой и обсушить. Затем натереть солью, майораном и перцем. В брюшко рыбы положить спаржу и зашить х/б нитками. Сига облить маслом, нанизать на вертел и жарить при помощи гриля до готовности. Готовую рыбу освободить от ниток, выложить на блюдо и подавать к столу.

## Речной окунь

*3 окуня • 1 ст. л. соли • 1 ч. л. порошка имбиря • 30 мл подсолнечного масла.*

Рыбу почистить, хорошо промыть, натереть солью, имбирем и оставить на 15 минут. Затем рыбу облить маслом, нанизать на вертел и жарить при помощи гриля до готовности. Подавать с белым сухим вином.

## Лещ в томатном соусе

*1 крупный лещ • 50 г томатного соуса • 2 ст. л. подсолнечного масла • 1 ч. л. соли • 0,5 ч. л. майорана • 1 пучок укропа.*

Рыбу почистить, хорошо промыть, натереть солью, майораном, облить томатным соусом, маслом, нанизать на вертел и жарить при помощи гриля до готовности. Готового леща выложить на блюдо и посыпать мелко нарезанной зеленью укропа. Подавать с красным сладким перцем.

### *Щука с кориандром*

*1 щука среднего размера • 1 ч. л. соли • 0,5 ч. л. кориандра • 2 ст. л. подсолнечного масла.*

Рыбу почистить, хорошо промыть, натереть солью, кориандром, снаружи и внутри, и оставить на 10 минут. Затем щуку облить маслом, нанизать на вертел и жарить при помощи гриля до готовности. Подавать с отварной фасолью.

### *Путассу*

*2 крупных путассу • 1 ч. л. соли • 0,25 ч. л. черного молотого перца • 30 мл подсолнечного масла.*

Рыбу почистить, хорошо промыть прохладной водой, натереть солью, перцем, облить маслом и жарить в микроволновой печи с использованием гриля 10–12 минут. Подавать с черным хлебом и томатным соком.

# Приготовление блюд на гриле, мангале, фондю и барбекю

## Толстолобик с клюквой

*1 толстолобик • 1 ч. л. соли • 1 ч. л. мяты • 30 мл подсолнечного масла • 100 мл яблочного уксуса с чесноком и клюквой.*

Рыбу почистить, хорошо промыть, положить в кастрюлю, облить уксусом, закрыть крышкой и оставить на 30 минут. Затем толстолобика натереть солью, мятой, облить маслом, нанизать на вертел и жарить при помощи гриля до готовности. Готовую рыбу подавать с отварной спаржей.

## Карп в белом вине

*1 карп • 2 ч. л. соли • 0,5 ч. л. душицы • 100 мл белого сухого вина • 2 ст. л. оливкового масла.*

Рыбу почистить, хорошо промыть, положить в эмалированную кастрюлю, залить вином, закрыть крышкой и оставить на час. Затем карпа хорошо натереть солью, душицей, внутри и снаружи, облить маслом, нанизать на вертел и жарить при помощи гриля до готовности. Подавать со шпинатом.

## Желтый полосатик

*300 г желтого полосатика • 1 ч. л. бальзамического уксуса • 0,25 ч. л. соли • 50 мл кукурузного масла • 200 мл воды.*

Рыбу почистить и вымыть прохладной водой, положить в эмалированную кастрюлю, залить водой с уксусом, закрыть крышкой и поставить в холодильник на 5 часов. Затем рыбу освободить от маринада, обсушить, посолить, облить маслом и жарить в микроволновой печи с использованием гриля до готовности. Подавать с печеным картофелем.

## Скумбрия в красном вине

*2 скумбрии • 1,5 ч. л. соли • 1 ч. л. душицы • 200 мл красного сухого вина • 50 мл оливкового масла.*

Рыбу почистить, хорошо промыть, положить в эмалированную посуду, залить вином и оставить на 20 минут. Затем скумбрию натереть солью, душицей, смазать маслом, нанизать на вертел и жарить в духовом шкафу при помощи гриля до готовности. Готовую рыбу подавать к столу с тушеным луком.

## Скумбрия с чесноком

*2 скумбрии • 5 зубчиков чеснока • 1 ч. л. соли • 50 мл подсолнечного масла • 1 пучок петрушки.*

Рыбу почистить, хорошо промыть, натереть солью, чесноком, пропущенным через чесночницу, облить маслом, нанизать на вертел и жарить при помощи гриля до готовности. Готовую рыбу выложить на блюдо и посыпать мелко нарезанной зеленью петрушки. Подавать к столу со свежим сладким перцем.

## Ставрида в томатном соке

*1 большая ставрида • 1 л томатного сока • 2 ч. л. соли • 1 ч. л. смеси карри • 3 ст. л. оливкового масла.*

Рыбу почистить, хорошо промыть, положить в эмалированную кастрюлю, залить томатным соком, закрыть крышкой и поставить в холодильник на 3 часа. Затем рыбу освободить от сока, натереть солью, смесью карри, облить маслом, нанизать на вертел и жарить при помощи гриля до готовности. Ставриду подавать с отварным рисом и красным вином.

## Осетр с чесноком и оливками

*1 кг осетрины • 10 оливок • 5 зубчиков чеснока • 1 ч. л. соли • 50 мл оливкового масла • 1 пучок петрушки.*

Рыбу почистить, хорошо промыть и натереть солью. Затем на рыбе сделать надрезы с каждой стороны. Зубчики чеснока и оливки разрезать на две части и начинить ими рыбу. Осетра облить маслом, нанизать на вертел и жарить при помощи гриля до готовности. Готовую рыбу выложить на блюдо и посыпать мелко нашинкованной зеленью петрушки. Подавать с маринованными баклажанами.

## Хек с имбирем

*1 крупный хек • 1 ч. л. молотого имбиря • 1 ч. л. соли • 50 мл оливкового масла.*

Рыбу почистить, хорошо промыть, натереть солью, имбирем, снаружи и внутри, и оставить на 15 минут. Затем рыбу облить маслом, нанизать на вертел и жарить при помощи гриля до готовности. Подавать со свежими красными помидорами.

## Кета

*400 г кеты • 0,25 ч. л. жгучего молотого перца • 2 ч. л. соли • 50 мл подсолнечного масла.*

Рыбу почистить, хорошо промыть прохладной водой, натереть солью, перцем, облить маслом, нанизать на вертел и жарить в духовом шкафу с помощью гриля до готовности. Готовую кету нарезать небольшими кусочками и выложить на блюдо. Подавать с омлетом.

## Налим с луком и морковью

*1 налим • 2 головки репчатого лука • 1 морковь • 1 ч. л. соли • 10 мл подсолнечного масла • 0,5 ч. л. имбиря • х/б нитки.*

Рыбу почистить, хорошо вымыть, натереть солью, имбирем и оставить на 30 минут. Лук нарезать

### Приготовление блюд на гриле, мангале, фондю и барбекю

полукольцами, морковь натереть на крупной терке и обжарить на подсолнечном масле (20 мл). Луком и морковью нафаршировать брюшко рыбы и зашить его х/б нитками. Налима облить маслом, нанизать на вертел и жарить при помощи гриля до готовности. Готовую рыбу освободить от ниток, нарезать кусочками по 40–50 г и выложить на блюдо. Подавать с горчицей.

## Язь с базиликом

*1 язь • 1 ч. л. соли • 1 ч. л. базилика • 30 мл подсолнечного масла.*

Рыбу почистить, хорошо промыть, натереть солью, базиликом, облить маслом, нанизать на вертел и жарить при помощи гриля до готовности. Подавать с красным сухим вином.

## Семга с клюквенным джемом

*400 г филе семги • 1 ч. л. соли • 0,5 ч. л. смеси карри • 30 мл подсолнечного масла • 100 г клюквенного джема.*

Филе хорошо вымыть, обсушить, натереть солью, смесью карри, облить маслом, нанизать на вертел и жарить при помощи гриля до готовности. Готовую семгу выложить на блюдо и нарезать кусочками по 50–70 г. На каждый кусочек положить по 1 ч. л. клюквенного джема. Подавать с белым хлебом и фруктовым соком.

Вкусные штучки

Гриль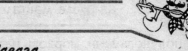

## Навага

1 навага • 1 пучок зеленого лука • 0,5 ч. л. хрена • 0,5 ч. л. соли • 1 лавровый лист • 100 мл белого сухого вина • 400 мл охлажденной кипяченой воды • 50 мл оливкового масла.

Рыбу почистить, хорошо вымыть, положить в эмалированную кастрюлю, залить маринадом (для маринада: вода, вино, лавровый лист, соль, хрен, мелко нашинкованный лук), закрыть крышкой и оставить на 2 часа. Маринованную рыбу обсушить, облить маслом, нанизать на вертел и жарить при помощи гриля до готовности. Подавать с консервированной спаржевой фасолью.

## Треска с твердым сыром

1 треска • 1 ч. л. соли • 1 ч. л. порошка душицы • 0,5 ч. л. черного молотого перца • 10 мл концентрированного лимонного сока • 100 г твердого сыра • 50 мл подсолнечного масла.

Рыбу почистить, вымыть прохладной водой и обсушить. Затем треску натереть солью, перцем, душицей, сбрызнуть лимонным соком, облить маслом, нанизать на вертел и жарить при помощи гриля до готовности. Готовую рыбу выложить на блюдо и посыпать сыром, натертым на крупной терке. Подавать с тушеными баклажанами.

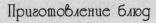

### Карась золотой

*3 карася • 1 ч. л. соли • 0,25 ч. л. красного молотого перца • 30 мл оливкового масла • 100 г майонеза.*

Рыбу почистить, вымыть, натереть солью, перцем, облить маслом, нанизать на вертел и жарить при помощи гриля до готовности. Готовую рыбу выложить на блюдо и полить майонезом. Подавать с зеленью и черным хлебом.

### Ледяная рыба

*3 ледяные рыбы • 1 ч. л. сладкого молотого перца • 1 ч. л. соли • 1 лимон • 50 мл оливкового масла.*

Рыбу почистить и хорошо вымыть. Затем сбрызнуть соком лимона и оставить на 5 минут. Рыбу натереть солью, перцем, облить маслом и жарить в микроволновой печи с помощью гриля до готовности. Подавать с томатным соусом.

### Лосось

*500 г лосося • 1 ч. л. сахара • 1 ч. л. соли • 3 горошины душистого перца • 40 мл оливкового масла • 1 л воды • 1 ст. л. уксуса из белого вина.*

Рыбу почистить, хорошо промыть прохладной водой, положить в эмалированную кастрюлю, посолить, посахарить, залить водой с уксусом, добавить горошины перца, закрыть крышкой и поставить в прохладное место на 40 минут. Затем лосося достать из маринада, обсушить, облить маслом, нанизать на вертел и жарить в микроволновой печи с использованием гриля до готовности. Подавать с тушеным репчатым луком.

### Тунец

*500 г тунца • 1,5 ч. л. соли • 1 ч. л. смеси карри • 50 мл оливкового масла • листья салата.*

Рыбу почистить, вымыть, натереть солью, смесью карри, облить маслом и жарить на гриле до готовности. Готовую рыбу выложить на листья салата. Подавать с печеным картофелем и маринованными корнишонами.

### Тунец с морковью и луком

*500 г тунца • 1 морковь • 2 головки репчатого лука • 1 пучок укропа • 1 ч. л. соли • 1 ч. л. смеси карри • 50 г сливочного масла.*

Рыбу почистить, вымыть и отварить в подсоленной воде в течение 15 минут. Затем мясо тунца отделить от костей. Морковь и лук вымыть, почистить, мелко нашинковать и потомить на сковороде в течение 4 минут. Укроп вымыть и мелко нашинковать. Рыбу положить на тарелку для гриля, посыпать смесью карри, морковью, луком, зеленью, добавить масло и жарить на гриле 10–12 минут. Подавать со свежими красными помидорами и пшеничным хлебом.

### Морепродукты

*100 г мяса мидий • 100 г очищенных креветок • 50 г мяса морских гребешков • 1 ст. л. соли • 50 мл оливкового масла • 0,5 ч. л. сладкого молотого перца.*

Морепродукты вымыть прохладной водой и отварить в кипящей подсоленной воде в течение 2 минут. Затем морепродукты откинуть на дуршлаг, дать стечь воде, натереть перцем, облить маслом и жарить при помощи гриля 2 минуты. Подавать со свежими красными помидорами и листьями салата.

### Кальмары с грибами

*3 крупных кальмара • 6 шампиньонов • 50 мл подсолнечного масла • 1 ч. л. соли • 0,5 ч. л. тмина.*

Кальмары очистить от пленки, хорошо вымыть и обсушить. Грибы хорошо вымыть прохладной водой и шляпки отделить от ножек. Кальмары и шляпки шампиньонов натереть солью, тмином, облить маслом, нанизать на вертел и жарить при помощи гриля 4–5 минут. Готовые кальмары и грибы выложить на блюдо. Подавать с зеленью укропа и петрушки.

## Креветки со сладким перцем

*300 г очищенных крупных креветок • 40 мл оливкового масла • 1 лимон • 0,5 ч. л. соли • 0,25 ч. л. сладкого молотого перца.*

Креветки вымыть прохладной водой и отварить в кипящей подсоленной воде в течение 2 минут. Затем креветки достать из воды, обсушить, сбрызнуть соком, выжатым из лимона, натереть перцем, облить маслом и жарить при помощи гриля в микроволновой печи 2 минуты. Подавать с томатным соком и ломтиками черного хлеба.

## Дождевики с майонезом

*400 г дождевиков • 2 ч. л. соли • 1 ч. л. сладкого молотого перца • 50 мл подсолнечного масла • 100 г майонеза.*

Грибы почистить, вымыть прохладной водой и отварить в подсоленной воде в течение 15 минут. Дождевики поперчить, облить маслом и жарить при помощи гриля до готовности. Готовые грибы выложить на блюдо и полить майонезом. Подавать с печеными баклажанами.

Приготовление блюд на гриле, мангале, фондю и барбекю

## Дождевик гигантский с сухарями

*300 г дождевика • 1 ч. л. соли • 50 г сливочного масла • 0,5 ч. л. смеси карри • 1 пучок зелени укропа.*

Гриб почистить, вымыть холодной водой и отварить в подсоленной воде 10 минут. Затем откинуть на дуршлаг, дать стечь воде и разрезать на три части. Сливочное масло натереть на крупной терке. Гриб посолить, посыпать смесью карри, маслом и положить на тарелку для гриля. Жарить в микроволновой печи с помощью гриля 15 минут. Зелень укропа вымыть и мелко нашинковать. Готовый дождевик посыпать зеленью. Подавать с картофелем фри.

## Фаршированные рядовки

*5 рядовок • 1 морковь • 1 головка репчатого лука • 1 яйцо • 0,5 ч. л. смеси карри • 100 мл оливкового масла • 1 ч. л. соли.*

Грибы почистить, вымыть прохладной водой, отделить шляпки от ножек, обсушить и посолить. Морковь и лук почистить и вымыть. Морковь натереть на крупной терке. Лук мелко нашинковать. Затем морковь соединить с луком и обжарить на оливковом масле в течение 10 минут. Яйцо отварить, почистить, мелко нашинковать, соединить с луком и морковью и посыпать смесью карри. Полученным фаршем заполнить шляпки грибов. Фаршированные грибы положить на тарелку для гриля и полить маслом. Жарить в микроволновой печи с использованием гриля 20 минут. Подавать с гренками из белого батона.

## Сыроежки с изюмом

*300 г сыроежек • 100 г изюма без косточек • 1 ч. л. соли • 50 г сливочного масла • 1 пучок петрушки.*

Грибы почистить, вымыть прохладной водой и шляпки отделить от ножек. Шляпки отварить в подсоленной воде в течение 15 минут, затем откинуть на дуршлаг и дать стечь воде. Шляпки нарезать соломкой. Изюм вымыть теплой водой, соединить с грибами, положить на тарелку и добавить масло. Жарить с помощью гриля в микроволновой печи 10 минут. Горячие грибы и изюм посыпать мелко нашинкованной зеленью петрушки и подавать к столу.

## Гриб боровик

*7 грибов • 1 ч. л. соли • 1 ч. л. концентрированного лимонного сока • 1 ч. л. сахара • 0,5 ч. л. бадьяна • 1 лавровый лист • 60 мл подсолнечного масла • 1 л воды.*

Грибы почистить, хорошо вымыть прохладной водой и шляпки отделить от ножек. В эмалированную кастрюлю налить воду с соком, добавить соль, сахар, бадьян, лавровый лист, закрыть крышкой и вскипятить. Кипятить 2 минуты. Далее в маринад положить шляпки грибов и поставить в прохладное место на 5 часов. Затем грибы откинуть на дуршлаг и дать стечь маринаду. Грибы облить маслом и жарить с использованием гриля в микроволновой печи или в духовом шкафу 25 минут. Готовые шляпки выложить на блюдо. Подавать со сметаной и печеным картофелем.

### Сыроежки со сливочным маслом

*300 г сыроежек • 0,5 ч. л. соли • 0,5 ч. л. сладкого молотого перца • 70 г сливочного масла • 1 пучок петрушки и укропа.*

Грибы почистить, хорошо вымыть прохладной водой, обсушить и разрезать на две части. Затем грибы посолить, поперчить, положить на тарелку для гриля, добавить масло и жарить при помощи гриля 20 минут. Готовые сыроежки посыпать мелко нашинкованной зеленью укропа и петрушки. Подавать с картофельным пюре.

### Сыроежки с лимоном

*400 г сыроежек • 1 ч. л. соли • 0,5 ч. л. сахара • 1 лимон • 50 мл подсолнечного масла.*

Грибы почистить, вымыть прохладной водой и отварить в подсоленной воде в течение 10 минут. Грибы откинуть на дуршлаг и дать стечь воде. Затем сыроежки сбрызнуть соком, выжатым из лимона, посыпать сахаром, положить на тарелку для гриля и полить маслом. Жарить при помощи гриля 10 минут. Готовые грибы подавать с ломтиками белого хлеба.

### Сыроежки в помидорном рассоле

*500 г сыроежек • 1 л помидорного рассола • 100 мл подсолнечного масла • 3 головки репчатого лука • 1 пучок укропа и петрушки • томатный соус.*

Грибы почистить, вымыть прохладной водой и положить в эмалированную кастрюлю. Сыроежки залить помидорным рассолом, положить груз и оставить на 3 часа. Затем грибы откинуть на дуршлаг и дать стечь рассолу. Лук и зелень мелко нашинковать. Сыроежки положить на тарелку для гриля, посыпать зеленью укропа, петрушки, луком и полить маслом. Жарить в микроволновой печи при помощи гриля 20 минут. Горячие грибы полить томатным соусом. Подавать с пшеничным хлебом.

### Лисички со сметаной

*200 г лисичек • 1 головка репчатого лука • 0,5 ч. л. соли • 100 г сметаны.*

Грибы почистить, вымыть прохладной водой и отварить с луком в подсоленной воде в течение 10 минут. Грибы откинуть на дуршлаг и дать стечь воде. Затем лисички разрезать на 2 части и положить на тарелку для гриля. Жарить при помощи гриля в микроволновой печи или духовом шкафу 15 минут. Готовые грибы полить сметаной. Подавать с коричневым отварным рисом.

## Шампиньоны в маринаде

*400 г шампиньонов • 100 мл белого сухого вина • 1 ч. л. соли • 1 ч. л. сахара • 1 л воды • 100 г сливочного масла • 1 пучок укропа.*

Грибы почистить, вымыть прохладной водой и отварить в воде с сахаром, солью, вином в течение 15 минут. Затем грибы откинуть на дуршлаг и дать стечь воде. Шампиньоны разрезать на 4 части, положить на тарелку для гриля и добавить кусочки масла. Грибы жарить при помощи гриля 15 минут. Готовые шампиньоны посыпать мелко нашинкованной зеленью укропа. Подавать с картофелем фри.

## Шампиньоны с оливками

*500 г шампиньонов • 70 г оливок без косточек • 0,25 ч. л. соли • 2 листика базилика • 40 г сливочного масла.*

Грибы почистить, вымыть и разрезать на четыре части. Оливки мелко нашинковать и соединить с грибами. Сливочное масло натереть на крупной терке. Шампиньоны соединить с оливками, посолить, посыпать маслом, добавить базилик и хорошо перемешать. Эту смесь положить на тарелку для гриля. Жарить в микроволновой печи или духовом шкафу с помощью гриля 15–20 минут. Подавать со сметаной и ломтиками ржаного хлеба.

## Белые грибы с сыром

*300 г белых грибов • 100 г твердого сыра • 1 ч. л. соли • 0,5 ч. л. сахара • 50 мл оливкового масла.*

Грибы почистить, вымыть прохладной водой и отварить в подсоленной воде в течение 15 минут. Грибы откинуть на дуршлаг и дать стечь воде. Затем грибы разрезать на пять частей, посыпать сахаром, сыром, натертым на крупной терке, положить на тарелку для гриля и полить маслом. Грибы жарить с помощи гриля 10 минут. Подавать с ломтиками белого батона.

## Гриб баран

*1 гриб баран • 2 ч. л. соли • 1 ч. л. смеси карри • 30 мл подсолнечного масла.*

Гриб почистить, вымыть прохладной водой и отварить в подсоленной воде в течение 15 минут. Затем гриб откинуть на дуршлаг и дать стечь воде. Гриб посыпать смесью карри, облить маслом, нанизать на вертел и жарить при помощи гриля в духовом шкафу 15 минут. Снять с вертела и нарезать небольшими кусочками. Подавать с майонезом и печеным картофелем.

### *Гриб баран со свежими помидорами*

*1 гриб баран • 2 красных помидора • 1 головка репчатого лука • 1 ч. л. сладкого молотого перца • 30 мл подсолнечного масла • 2 ч. л. соли.*

Гриб почистить, вымыть прохладной водой и отварить в подсоленной воде в течение 20 минут. Затем гриб достать из воды, обсушить и нарезать небольшими кусочками. Помидоры и лук почистить, вымыть и нарезать кольцами. Кусочки гриба и кольца помидоров и лука выложить на тарелку для гриля, посыпать перцем и полить маслом. Жарить при помощи гриля 15 минут. Блюдо подавать охлажденным.

### *Вешенки со смесью карри*

*300 г вешенок • 1 ч. л. соли • 0,5 ч. л. сахара • 0,5 ч. л. смеси карри • 70 г сливочного масла.*

Грибы почистить, вымыть прохладной водой и отварить в подсоленной воде в течение 10 минут. Грибы достать из воды, обсушить и нарезать соломкой. Грибы посыпать сахаром, смесью карри, хорошо перемешать, положить на тарелку для гриля и добавить кусочки масла. Жарить при помощи гриля 15 минут. Подавать к столу с картофельным пюре.

## Вешенки с бальзамическим уксусом

*250 г вешенок • 0,5 ч. л. сахара • 1 ч. л. соли • 0,5 ч. л. сладкого молотого перца • 0,25 ч. л. имбиря • 2 ч. л. бальзамического уксуса • 50 г сливочного масла.*

Вешенки почистить, вымыть прохладной водой и отварить в подсоленной воде в течение 20 минут. Грибы откинуть на дуршлаг и дать стечь воде. Вешенки нарезать небольшими кусочками, полить уксусом и оставить на 30 минут. Затем грибы посыпать сахаром, имбирем, перцем и хорошо перемешать. Вешенки положить на тарелку для гриля и посыпать маслом, натертым на крупной терке. Жарить при помощи гриля 15 минут. Подавать с отварной гречей и тушеными овощами.

## Рыжики с бальзамическим уксусом

*300 г рыжиков • 1 ст. л. бальзамического уксуса • 1 ч. л. соли • 1 ч. л. сахара • 2 зубчика чеснока • 30 мл кукурузного масла.*

Грибы почистить, вымыть прохладной водой и отварить в воде с солью, сахаром и чесноком в течение

20 минут. Рыжики достать из воды, обсушить, нарезать соломкой, положить на тарелку для гриля, полить уксусом и маслом. Жарить в духовом шкафу с помощью гриля 7 минут. Подавать с печеным картофелем и зелеными перьями репчатого лука.

## Маслята с брынзой и зеленью

*200 г маслят • 80 г брынзы • 50 г сливочного масла • 1 пучок укропа • 0,5 ч. л. соли.*

Грибы почистить, снять пленку со шляпок, вымыть прохладной водой и отварить в подсоленной воде в течение 15 минут. Грибы откинуть на дуршлаг и дать стечь воде. Затем грибы нарезать соломкой, положить на тарелку для гриля, посыпать маслом и сыром, натертыми на крупной терке. Жарить в микроволновой печи с помощью гриля 10 минут. Горячие маслята посыпать мелко нашинкованной зеленью укропа. Подавать с ломтиками белого хлеба.

## Фаршированные молодые маслята

*10 молодых маслят • 2 зубчика чеснока • 50 г плавленого сыра • 2 куриных яйца • 1 ч. л. соли • 50 г сливочного масла.*

Грибы почистить, снять пленку со шляпок и вымыть прохладной водой. Шляпки маслят отварить в подсоленной воде в течение 5 минут. Грибы откинуть на дуршлаг и дать стечь воде. Яйца отварить до готовности и почистить. Затем сыр, яйца и масло натереть на крупной терке. Чеснок мелко нашинковать и смешать с яйцом и сыром. Полученным фаршем заполнить шляпки грибов. Фаршированные грибы положить на тарелку для гриля и посыпать сливочным маслом. Жарить в микроволновой печи с помощью гриля. Подавать с томатным соком.

### Зонтик пестрый с курицей

*200 г шляпок зонтика пестрого • 50 г сливочного масла • 1 ч. л. соли • 1 ч. л. бальзамического уксуса • 300 г отварной курицы.*

Грибы почистить, хорошо вымыть и отварить в подсоленной воде в течение 10 минут, затем откинуть их на дуршлаг и дать стечь воде. Шляпки сбрызнуть уксусом и оставить на 5 минут. Курицу нарезать небольшими кусочками и соединить с грибами. Масло натереть на крупной терке. Курицу с грибами положить на тарелку для гриля и посыпать маслом. Жарить в микроволновой печи с использованием гриля до готовности. Подавать с листьями салата и спагетти.

# МАНГАЛ

Родиной шашлыка является Восток во всей его географической обширности. Человек, едва научившись добывать огонь, стал при его помощи жарить мясо, к тому же в жареном виде оно дольше хранилось.

Восток издавна славится своими пряностями и винами. Именно поэтому шашлык всегда отличается особым вкусом и ароматом. С течением времени это блюдо приобрело популярность в разных частях света. В нашей стране шашлык стал обязательным атрибутом отдыха на природе и праздничного застолья. Природа, праздник, шашлык — вот волшебное сочетание слов, определяющее успех этого блюда.

Основные приспособления для приготовления шашлыка — мангал, шампуры и дрова. Мангал — любое вместилище для углей: углубление, обложенное камнем, простой металлический ящик без крышки, а также «ящик», выполненный по всем правилам шашлычного искусства, и, наконец, электрошашлычница. Шампуры — деревянные палочки, сухая виноградная лоза, металлические прутья. Наибольшую популяр-

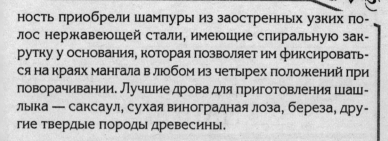

ность приобрели шампуры из заостренных узких полос нержавеющей стали, имеющие спиральную закрутку у основания, которая позволяет им фиксироваться на краях мангала в любом из четырех положений при поворачивании. Лучшие дрова для приготовления шашлыка — саксаул, сухая виноградная лоза, береза, другие твердые породы древесины.

## *Шашлык из цыпленка бройлера*

**1-й способ**

*1 кг цыпленка бройлера • 5 головок репчатого лука среднего размера • 7 красных помидоров • 1 ст. л. 9 % уксуса • 1 ч. л. соли • 2 лавровых листа • 1 горошина душистого перца • 3 горошины черного перца • 1 л воды • эстрагон.*

Мясо цыпленка бройлера промыть прохладной водой, разрезать на кусочки по 40 г и залить маринадом на 20 минут (для маринада: вода, уксус, соль, лавровый лист, душистый перец, черный перец, щепотка эстрагона, лук, нарезанный кольцами). Затем кусочки мяса нанизать на шампуры, чередуя с маринованным луком и нарезанными кольцами помидорами. Во время приготовления мясо периодически сбрызгивать маринадом. Шашлык подавать с картофелем, сваренным «в мундире».

## 2-й способ

*800 г филе цыпленка бройлера • 3 головки репчатого лука • 3 красных сладких перца • 2 ст. л. винного уксуса • 0,5 ч. л. соли • 1 л. воды.*

Филе цыпленка промыть прохладной водой и нарезать кусочками по 50 г. Лук почистить и нарезать кольцами. Кусочки мяса и лук положить в кастрюлю и залить маринадом на 15 минут (для маринада: вода, винный уксус, соль). Далее нанизать на шампуры мясные кусочки, чередуя с луком и красным перцем, предварительно нарезанными кольцами. Шашлык жарить над углями, периодически сбрызгивая маринадом, до готовности. Подавать с крупно нарезанными помидорами и листьями салата.

## 3-й способ

*1,5 кг цыпленка бройлера • 1 ч. л. соли • щепотка базилика • 3 лимона • 10 свежих красных помидоров.*

Мясо бройлера промыть, нарубить кусочками по 40 г и сложить в кастрюлю, добавив соль, базилик и сок, выжатый из лимонов. Все хорошо перемешать, закрыть крышкой и оставить на 30 минут. Кусочки нанизать на шампуры, чередуя с кольцами нарезанных помидоров. Шашлык жарить над углями до готовности. Подавать с гренками из белого хлеба.

## Шашлык из цыпленка бройлера в ананасовом соку

*1 кг грудок бройлерных цыплят • 1 л ананасового сока • 1 ч. л. соли • 1 ч. л. перца паприка.*

Мясо хорошо промыть прохладной водой, нарезать кусочками по 40 г и замариновать на час (для маринада: сок, соль, перец). Маринованные кусочки нанизать на шампуры и жарить над углями до готовности, периодически сбрызгивая маринадом. Шашлык подавать к столу с салатом из краснокочанной капусты.

## Шашлык из бройлерных крылышек

*1 кг крылышек бройлерных цыплят • 3 головки репчатого лука • 1 ч. л. смеси карри • 1 ч. л. соли • 1 л негазированной минеральной воды.*

Крылышки хорошо вымыть, положить в эмалированную кастрюлю, посыпать смесью карри, солью, залить минеральной водой, добавить лук, нашинкованный кольцами, закрыть крышкой и поставить в холодильник на 3 часа. Крылышки достать из маринада и нанизать на шампуры, чередуя с кольцами маринованного лука. Шашлык жарить над углями, сбрызгивая маринадом, до готовности. Подавать с овощным рагу.

## Шашлык из курицы

*1 курица (1,1 — 1,3 кг) • 600 мл соевого молока • 200 мл негазированной минеральной воды • 2 ч. л. соли • 0,25 ч. л. красного молотого перца • 1 гвоздика • 5 красных помидоров.*

Курицу вымыть и нарубить на кусочки по 40 г. Затем кусочки положить в эмалированную кастрюлю, посолить, поперчить, залить молоком и минеральной водой, добавить гвоздику, закрыть крышкой и поставить в прохладное место на 3 часа. Помидоры вымыть и нарезать крупными кольцами. Кусочки курицы достать из маринада и нанизать на шампуры, чередуя с кольцами помидоров. Шашлык жарить над углями, сбрызгивая маринадом, до готовности. Подавать с хрустящими гренками из белого хлеба.

## Шашлык из куриных окорочков

*2 кг куриных окорочков • 1 кг майонеза • 300 г острого кетчупа • 0,25 ч. л. черного молотого перца • 10 головок репчатого лука.*

Окорочка хорошо промыть и каждый окорочок разделить на две части. Кусочки сложить в эмалированную кастрюлю и залить маринадом (для маринада: майонез, кетчуп, перец, лук, нарезанный крупными кольцами), закрыть крышкой, поставить в прохладное место на 5 часов. Маринованное мясо нанизать на шампуры, чередуя с кольцами маринованного лука, и жарить над углями до готовности. Готовый шашлык подавать с салатом из свежей краснокочанной капусты.

### Шашлык из куриной грудки

*1 кг куриных грудок • 0,25 ч. л. семян горчицы • 0,25 ч. л. черного молотого перца • 1 л охлажденной кипяченой воды • 1 ст. л. уксуса из белого вина • 1 лавровый лист • 2 ч. л. соли • 5 свежих красных помидоров.*

Грудки вымыть прохладной водой и нарезать кусочками по 40 г. Каждый кусочек натереть перцем, солью, сложить в эмалированную кастрюлю, залить водой с уксусом, добавить лавровый лист, семена горчицы, закрыть крышкой и поставить в прохладное место на 1,5 часа. Помидоры вымыть и нарезать крупными кольцами. Маринованные кусочки мяса нанизать на шампуры, чередуя с кольцами помидоров, и жарить над углями, сбрызгивая маринадом, до готовности. Шашлык подавать с белым вином.

### Шашлык из куриных бедрышек

*1 кг куриных бедрышек • 1 ст. л. 9 % уксуса • 1 л воды • 5 головок репчатого лука • 2 ч. л. семян укропа • 1 ч. л. се-*

мян горчицы • *1 лавровый лист* • *1 ч. л. соли.*

Бедрышки хорошо промыть, положить в эмалированную кастрюлю и залить маринадом на 2 часа (маринад: уксус, вода, укроп, горчица, лавровый лист, соль, лук, нарезанный кольцами). Маринованное мясо нанизать на шампуры, чередуя с маринованным луком, и жарить над углями, сбрызгивая маринадом, до готовности. Шашлык подавать к столу с белым сухим вином и со свежими овощами.

### Шашлык из куриного филе в кисломолочном напитке

*1 кг куриного филе • 1 л кисломолочного напитка • 1 ст. л. соли • 0,25 ч. л. смеси карри.*

Филе хорошо вымыть прохладной водой и нарезать кусочками по 30–40 г. Кусочки сложить в эмалированную кастрюлю, посолить, посыпать смесью карри, залить кисломолочным напитком, закрыть крышкой и поставить в прохладное место на 2 часа. Маринованное мясо нанизать на шампуры и жарить над углями до готовности, периодически сбрызгивая маринадом. Шашлык подавать к столу со свежими красными помидорами.

## Шашлык из куриной грудки в пиве

*1 кг куриных грудок • 600 мл светлого пива • 1 ч. л. соли • 0,25 ч. л. перца паприка.*

Мясо хорошо вымыть прохладной водой и нарезать кусочками по 40 г. Кусочки грудок положить в эмалированную кастрюлю, посолить, поперчить и оставить на 30 минут. Затем мясо залить пивом, закрыть крышкой и поставить в прохладное место на 3 часа. Маринованные кусочки нанизать на шампуры и жарить над углями, сбрызгивая маринадом, до готовности. Подавать с дольками сладкого желтого перца.

## Шашлык из курицы и лисичек

*1 кг мяса курицы • 500 г лисичек • 3 ч. л. соли • 1 л хлебного кваса • 1 лавровый лист • 0,5 ч. л. молотого черного перца • 5 красных сладких перцев.*

Мясо вымыть и нарезать кусочками по 30 г. Кусочки положить в эмалированную кастрюлю, залить квасом, добавить соль, лавровый лист, перец, закрыть крышкой и поставить в прохладное место на 3 часа. Грибы почистить, вымыть прохладной водой и отварить в подсоленной воде в течение 15 минут. Затем грибы откинуть на дуршлаг и дать стечь воде. Перец вымыть, очистить от семян и нарезать дольками. Мясо нанизать на шампуры, чередуя с грибами и перцем.

Приготовление блюд на гриле, мангале, фондю и барбекю

Шашлык жарить над углями, сбрызгивая маринадом, до готовности. Подавать с ломтиками ржаного хлеба и томатным соусом.

### Шашлык из куропатки

*1,2 кг куропатки • 1 пучок петрушки • 3 головки репчатого лука • 0,25 ч. л. смеси карри • 1 л охлажденной кипяченой воды • 3 ст. л. винного уксуса • 1 ст. л. соли.*

Куропатку хорошо промыть, нарезать кусочками по 40 г, сложить в эмалированную кастрюлю, залить маринадом (для маринада: вода, уксус, соль, смесь карри, лук, нарезанный крупными кольцами), закрыть крышкой и поставить в прохладное место на 1,5 часа. Мясо нанизать на шампуры, чередуя с кольцами маринованного лука, и жарить над углями, сбрызгивая маринадом, до готовности. Шашлык посыпать мелко нарезанной зеленью петрушки. Подавать с овощным салатом.

### Шашлык из домашней утки

**1-й способ**

*1,3 — 1,8 кг домашней утки • 9 головок репчатого лука • 3 лавровых листа • 5 горошин черного перца • 3 горошины*

*душистого перца • 1,5 л воды • эстрагон • 2 ст. л. 9 % уксуса.*

Мясо утки промыть водой, нарезать кусочками по 30–40 г и залить маринадом на час (маринад: вода, уксус, лавровый лист, черный перец, душистый перец, щепотка эстрагона, лук, нарезанный крупными кольцами). Затем маринованные кусочки утки нанизать на шампуры, чередуя с маринованным луком. Шашлык жарить над углями, сбрызгивая маринадом, до готовности. Подавать с коричневым рисом, приготовленным на пару.

## 2-й способ

*1,2 кг мяса утки • 1 л светлого пива • 10 головок репчатого лука • 5 горошин черного перца • 1 ч. л. соли.*

Мясо утки хорошо промыть прохладной водой, нарубить кусочками по 50 г, положить в эмалированную кастрюлю и залить маринадом (для маринада: соль, перец, пиво, репчатый лук, нарезанный крупными кольцами). Затем закрыть крышкой и поставить в прохладное место на 5–7 часов. Кусочки нанизать на шампуры, чередуя с кольцами маринованного лука, и жарить над углями, сбрызгивая маринадом, до готовности. Шашлык подавать с салатом из свежей капусты и консервированной кукурузы.

## Шашлык из дикой утки

*1 кг дикой утки • 9 головок репчатого лука • 3 лавровых листа • 5 горошин черного перца • 3 горошины душистого перца • 1,2 л воды • 1 веточка эстрагона • 1,5 ст. л. 9 % уксуса.*

Мясо утки промыть прохладной водой, нарезать кусочками по 30–40 г, отбить молотком и залить маринадом на 2 часа (для маринада: вода, уксус, лавровый лист, душистый перец, черный перец, репчатый лук, нарезанный кольцами, эстрагон). Затем маринованные кусочки утки нанизать на шампуры, чередуя с маринованным луком. Жарить над углями, сбрызгивая маринадом, до готовности. Шашлык подавать со свежим болгарским перцем.

## Шашлык из утиной грудки

*800 г утиных грудок • 1 л воды • 2 ст. л. уксуса из белого вина • 1 ч. л. соли • 0,25 ч. л. кинзы.*

Мясо вымыть и нарезать кусочками по 30 г. Кусочки сложить в эмалированную кастрюлю, залить водой с уксусом, добавить соль, кинзу, закрыть крышкой и оставить на 3 часа. Маринованные кусочки нанизать на шампуры и жарить над углями, сбрызгивая маринадом, до готовности. Подавать с маринованной цветной капустой.

## Мангал

### Шашлык из цесарки

**1-й способ**

*1 кг мяса цесарки • 1 лавровый лист • 3 горошины черного перца • 200 мл белого сухого вина • 0,5 ч. л. соли • 5 головок репчатого лука.*

Промыть мясо цесарки прохладной водой, нарезать на кусочки по 30–40 г и залить маринадом на час (для маринада: лавровый лист, черный перец, белое сухое вино, соль, репчатый лук, нарезанный кольцами). Маринованные кусочки мяса нанизать на шампуры, чередуя с кольцами маринованного лука. Во время приготовления мясо сбрызгивать маринадом. Готовый шашлык подавать со свежими красными помидорами и красным болгарским перцем.

**2-й способ**

*Тушка цесарки (1,1—1,3 кг) • 1 ч. л. смеси карри • 1 ч. л. соли • 1 ст. л. белого уксуса с чесноком • 5 головок репчатого лука • 4 красных помидора • 1 л воды.*

Тушку хорошо промыть и нарубить на кусочки по 40 г. Каждый кусочек натереть смесью карри, солью, сложить в эмалированную кастрюлю и оставить на 10 минут. Затем мясо залить уксусом и водой, добавить лук, нарезанный крупными кольцами, закрыть крышкой и поставить в прохладное место на 1,5 часа. Маринованные кусочки мяса нанизать на шампуры, чередуя с кольцами помидоров и маринованного лука. Шашлык жарить над углями до готовности. Подавать с соком из манго.

### Шашлык из индейки

*1 кг филе индейки • 5 головок репчатого лука • 2 лимона среднего размера • 1 ч. л. соли • 0,3 ч. л. молотого черного перца • 150 мл красного сухого вина.*

Филе индейки промыть холодной водой, нарезать кусочками по 30 г, положить в эмалированную кастрюлю, посолить, поперчить, добавить лук, нарезанный кольцами, и залить соком, выжатым из лимонов. Все хорошо перемешать, закрыть крышкой и оставить на 30 минут. Затем кусочки мяса нанизать на шампуры, чередуя с кольцами маринованного лука. Во время приготовления шашлык периодически сбрызгивать красным сухим вином. Готовый шашлык подавать с фруктовым салатом.

### Шашлык из индюка и подосиновиков

*400 г мякоти мяса индюка • 500 г подосиновиков • 3 головки репчатого лука • 500 мл воды • 1 ст. л. бальзамическо-*

## Мангал

го уксуса • 1,5 ст. л. соли • 1 ч. л. смеси карри.

Мясо индюка вымыть прохладной водой и нарезать кусочками по 30–40 г. Кусочки положить в эмалированную кастрюлю, залить водой с уксусом, добавить смесь карри, 1 ч. л. соли, закрыть крышкой и оставить на час. Грибы почистить, вымыть прохладной водой и отварить в подсоленной воде в течение 15 минут. Затем откинуть их на дуршлаг и дать стечь воде. Подосиновики разрезать на 4 части. Лук почистить и нарезать кольцами. Маринованное мясо нанизать на шампуры, чередуя с грибами и луком. Шашлык жарить над углями, сбрызгивая маринадом, до готовности. Подавать с томатным соком.

### Шашлык из фазана

**1-й способ**

*1 кг мяса фазана • 0,3 ч. л. тмина • 3 горошины душистого перца • 5 горошин черного перца • 50 мл винного уксуса • 1 ч. л. соли • 1 л охлажденной кипяченой воды.*

Мясо фазана хорошо промыть, нарубить кусочками по 50 г и залить маринадом на 2 часа (для маринада: тмин, перец, соль, уксус, вода). Маринованные кусочки мяса нанизать на шампуры и жарить над углями до готовности. Во время приготовления шашлык сбрызгивать маринадом. Подавать с черносливом.

## 2-й способ

*1 фазан (1,4 кг) • 5 головок репчатого лука • 3 лимона • 1 ст. л. соли • 0,25 ч. л. перца паприка • 50 мл красного сухого вина.*

Тушку фазана хорошо промыть и нарезать кусочками по 40 г. Кусочки натереть солью, перцем, сложить в эмалированную кастрюлю, сбрызнуть соком, выжатым из лимонов, закрыть крышкой и оставить на 40 минут. Мясо нанизать на шампуры, чередуя с луком, нарезанным крупными кольцами. Шашлык жарить над углями, сбрызгивая вином, до готовности. Подавать с тушеными баклажанами и морковью.

### Шашлык из домашнего гуся

*2 кг мяса домашнего гуся • 12 головок репчатого лука • 7 горошин черного перца • 2 горошины душистого перца • 3 лавровых листа • 3 ст. л. 9 % уксуса • 1,5 л воды • 1 ч. л. соли.*

Мясо хорошо промыть прохладной водой, нарубить на кусочки по 40–50 г и замариновать (для маринада: репчатый лук, нарезанный крупными кольцами, черный перец, душистый перец, лавровый лист, уксус, вода, соль). Маринованные кусочки домашнего гуся нанизать на шампуры, чередуя с кольцами маринованного лука. Шашлык жарить над углями, периодически сбрызгивая маринадом или красным сухим вином, до готовности. Подавать со свежими овощами и зеленью.

### Шашлык из дикого гуся

*1,5 кг мяса дикого гуся • 100 мл яблочного уксуса • 1 л воды • 10 головок репчатого лука • 5 горошин душистого перца • 2 веточки эстрагона • 1 ч. л. соли.*

Мясо хорошо промыть прохладной водой, нарубить на кусочки по 40 г, залить холодной водой и оставить на 30 минут. Затем слить воду и замариновать на 3 часа (для маринада: яблочный уксус, вода, соль, репчатый лук, нарезанный крупными кольцами, душистый перец, эстрагон). Маринованные кусочки нанизать на шампуры, чередуя с кольцами маринованного лука. В процессе приготовления мясо сбрызгивать маринадом. Подавать шашлык с печеными яблоками.

### Шашлык из гусиной грудки

*1 кг гусиной грудки • 4 черемши • 2 ч. л. соли • 2 лавровых листа • 3 горошины черного перца • 2 ст. л. уксуса из белого вина • 1 л воды.*

Грудку вымыть прохладной водой и нарезать кусочками по 40 г. Кусочки мяса положить в эмалированную кастрюлю, залить водой с уксусом, добавить

Приготовление блюд на гриле, мангале, фондю и барбекю

черемшу, лавровый лист, горошины перца, соль, все хорошо перемешать, закрыть крышкой и поставить в прохладное место на 5 часов. Маринованные кусочки нанизать на шампуры и жарить над углями до готовности. Готовый шашлык подавать с дольками красных помидоров.

## Шашлык из гусиной печени

*300 г гусиной печени • 1 ч. л. соли • 1 ст. л. уксуса из красного винограда.*

Печень хорошо вымыть, посолить, сбрызнуть уксусом и оставить на 2 часа. Затем печень нанизать на шампуры и жарить над углями, сбрызгивая вином, до готовности. Готовый шашлык подавать с тушеным репчатым луком и томатным соусом.

## Шашлык из гусиных грудок и подосиновиков

*2 гусиные грудки • 10 шляпок подосиновиков • 1 ст. л. 9 % уксуса • 1 ст. л. соли • 0,25 ч. л. молотого черного перца • 0,25 ч. л. красного молотого перца • 1 лавровый лист • 5 головок лука.*

Мясо вымыть прохладной водой, нарезать кусочками по 30 г, положить в эмалированную кастрюлю, посолить, поперчить, добавить лавровый лист, лук, нарезанный крупными кольцами, залить водой с уксусом, закрыть крышкой и поставить в прохладное место на

3 часа. Грибы почистить, хорошо вымыть прохладной водой и отварить в подсоленной воде в течение 15 минут. Шляпки откинуть на дуршлаг и дать стечь воде. Мясо и лук достать из маринада. Грибы разрезать на две части. Кусочки мяса нанизать на шампуры, чередуя с грибами и кольцами лука. Шашлык жарить над углями, сбрызгивая маринадом, до готовности. Подавать с белым соусом.

### Шашлык из петуха

*2 кг мяса петуха • 1 ч. л. соли • 1 ст. л. 9 % уксуса • 3 лавровых листа • 2 горошины душистого перца • щепотка базилика • 1 л воды • 10 головок репчатого лука.*

Мясо хорошо промыть, нарубить кусочками по 40–50 г, отбить и замариновать на час (маринад: соль, уксус, лавровый лист, перец, базилик, охлажденная кипяченая вода, репчатый лук, нарезанный кольцами). Маринованные кусочки нанизать на шампуры и жарить над углями до готовности. Во время приготовления шашлык сбрызгивать маринадом. Подавать со свежими помидорами и печеным картофелем.

### Шашлык из глухаря

*1 кг мяса глухаря • 100 мл белого сухого вина • 0,25 ч. л. красного молотого*

перца • 5 красных помидоров • 5 головок репчатого лука • 1 ст. л. соли.

Мясо хорошо вымыть, нарезать кусочками по 40 г, натереть солью, перцем, сложить в эмалированную кастрюлю, залить вином, закрыть крышкой и поставить в прохладное место на 40 минут. Лук и помидоры нарезать кольцами. Маринованные кусочки нанизать на шампуры, чередуя с кольцами помидоров и лука. Шашлык жарить над углями, сбрызгивая маринадом, до готовности. Подавать с маринованной спаржевой фасолью.

## Шашлык из кролика

**1-й способ**

*2 кг мяса кролика • 3 лавровых листа • 2 горошины душистого перца • 50 мл винного уксуса • 1 л воды • 1 ч. л. соли • 5 головок репчатого лука.*

Мясо кролика хорошо промыть, нарезать кусочками по 30–40 г и залить на 30 минут холодной водой. Воду слить и мясо залить маринадом на час (маринад: лавровый лист, перец, уксус, вода, соль, лук, нарезанный кольцами). Маринованные кусочки нанизать на шампуры, чередуя с кольцами маринованного лука. Шашлык жарить над углями, периодически сбрызгивая маринадом, до готовности. Подавать с отварным картофелем и зеленью.

## 2-й способ

*1 кг мяса кролика • 1 ст. л. горчицы • 0,5 ч. л. соли • 0,25 ч. л. красного молотого перца • 300 мл белого сухого вина.*

Мясо кролика хорошо промыть, нарезать кусочками по 30 г, сложить в эмалированную кастрюлю, обмазать горчицей, посыпать солью, перцем, залить 250 мл вина, все хорошо перемешать, закрыть крышкой и оставить на час. Мясо нанизать на шампуры и жарить над углями до готовности, периодически сбрызгивая белым вином. Шашлык подавать с маринованными баклажанами.

## 3-й способ

*1 кг мяса кролика • 1 ч. л. перца паприка • 100 мл красного сухого вина • 0,5 ч. л. соли • 0,25 ч. л. имбиря • 1 л воды.*

Мясо кролика хорошо промыть, нарезать кусочками по 40 г и замариновать на 40 минут (для маринада: вода, имбирь, вино, перец, соль). Маринованные кусочки нанизать на шампуры и жарить над углями до готовности, периодически сбрызгивая красным вином. Шашлык подавать к столу с белым хлебом и кабачковой икрой.

## Приготовление блюд на гриле, мангале, фондю и барбекю

### 4-й способ

*1 кг мяса кролика • 1 л помидорного рассола • 5 головок репчатого лука • 7 красных помидоров • 3 гвоздики.*

Мясо вымыть, нарезать кусочками по 40 г, сложить в эмалированную кастрюлю, добавить гвоздику, лук, нарезанный крупными кольцами, залить рассолом, закрыть крышкой и оставить на 5 часов. Кусочки мяса нанизать на шампуры, чередуя с кольцами маринованного лука и помидоров. Шашлык жарить над углями до готовности, периодически сбрызгивая маринадом. Подавать со шпинатом.

## Шашлык из зайчатины

### 1-й способ

*1 кг мякоти зайчатины • 1 л воды • 1 ст. л. 9 % уксуса • 2 лавровых листа • 3 горошины душистого перца • 0,25 ч. л. черного молотого перца • 0,5 ч. л. семян горчицы • 0,25 ч. л. кориандра • 5 головок репчатого лука • 2 ч. л. соли.*

Мясо хорошо вымыть, нарезать кусочками по 40 г и кусочки слегка отбить. Мясо натереть солью, черным перцем, кориандром, положить в эмалированную кастрюлю, залить водой с уксусом, добавить лавровый лист, душистый перец, семена горчицы, лук, нарезанный кольцами, закрыть крышкой и поставить в прохладное место на 7 часов. Кусочки мяса нанизать на шампуры, чередуя с кольцами маринованного лука, и жарить над углями до готовности. Шашлык подавать с консервированными красными помидорами и картофельным пюре.

**2-й способ**

*1 кг мякоти зайчатины • 1 л кисломолочного напитка • 1 ч. л. соли • 0,25 ч. л. смеси карри • 7 красных помидоров.*

Мясо хорошо вымыть и нарезать кусочками по 40 г. Кусочки сложить в эмалированную кастрюлю, посолить, посыпать смесью карри, залить кисломолочным напитком, закрыть крышкой и поставить в прохладное место на 5 часов. Помидоры вымыть и нарезать крупными кольцами. Маринованные кусочки зайчатины нанизать на шампуры, чередуя с кольцами помидоров. Шашлык жарить над углями, сбрызгивая маринадом, до готовности. Подавать с ломтиками белого хлеба и сухим красным вином.

## Шашлык из дикого козла

*2 кг мякоти дикого козла • 2 ст. л. 9 % уксуса • 4 л воды • 10 головок репчатого лука • 10 красных свежих помидоров • 3 лавровых листа • 5 горошин черного перца • 3 горошины душистого*

Приготовление блюд на гриле, мангале, фондю и барбекю

*перца • 1 веточка эстрагона • 3 гвоздики • 1 ст. л. соли.*

Мясо хорошо промыть прохладной водой, нарезать кусочками по 30–40 г, залить 2 л воды и оставить на 2 часа. Затем воду слить, мясо сложить в эмалированную кастрюлю и залить маринадом на 12 часов (для маринада: 2 л воды, уксус, лук, нарезанный крупными кольцами, лавровый лист, перец, эстрагон, гвоздика, соль). Мясо нанизать на шампуры, чередуя с кольцами маринованного лука и помидоров. Шашлык жарить над углями до готовности, периодически сбрызгивая маринадом. Подавать к столу с горчицей и темным хлебом.

## *Шашлык из мякоти свинины*

### 1-й способ

*1 кг мякоти свинины • 10 головок репчатого лука • 3 лавровых листа • 5 горошин душистого перца • 7 горошин черного перца • 1 ст. л. 9 % уксуса • 1,5 л воды • 1 ч. л. соли • 10 свежих красных помидоров • 100 мл белого сухого вина.*

Мякоть свинины хорошо промыть, нарезать кусочками по 40 г и залить маринадом на час (для маринада: лук, нарезанный кольцами, лавровый лист, перец, уксус, вода, соль). Маринованные кусочки нанизать на шампуры, чередуя с кольцами маринованного лука и кольцами помидоров. Шашлык жарить над углями, сбрызгивая белым сухим вином, до готовности. Подавать с маслинами и свежими овощами.

**2-й способ**

*1,5 кг мякоти свинины • 300 мл красного вина • 600 мл воды • 7 головок репчатого лука • 1 ст. л. 9 % уксуса • 2 ч. л. соли • 1 лавровый лист • 10 горошин черного душистого перца • 3 гвоздики • 1 веточка эстрагона.*

Мясо хорошо промыть, нарезать кусочками по 40–50 г и залить маринадом (маринад: вино, вода, уксус, репчатый лук, нарезанный крупными кольцами, соль, лавровый лист, перец, гвоздика, эстрагон). Маринованные кусочки нанизать на шампуры, чередуя с маринованным луком, и жарить над углями до готовности. Подавать шашлык с салатом из свежей капусты и консервированной кукурузы.

## Шашлык из свинины с оливковым маслом и вином

*2 кг мякоти свинины • 300 мл полусухого вина • 1 ст. л. 9 % уксуса • 200 мл оливкового масла • 5 головок репча-*

*того лука • 1 ст. л. соли • 1 ч. л. сахара • 1 ч. л. имбиря.*

Мясо хорошо вымыть, нарезать кусочками по 40 г и положить в маринад на 2 часа (маринад: уксус, масло, вино, соль, сахар, имбирь, лук, нарезанный крупными кольцами). Мясо нанизать на шампуры, чередуя с кольцами маринованного лука, и жарить над углями до готовности. Шашлык подавать с ананасами.

### Шашлык из мякоти свинины в козьем молоке

*1 кг мякоти свинины • 1 л козьего молока • 1 ст. л. соли • 2 горошины душистого перца • 0,25 ч. л. черного молотого перца • 5 головок репчатого лука.*

Мясо хорошо вымыть, нарезать кусочками по 40 г, натереть солью, перцем, сложить в эмалированную кастрюлю, добавить душистый перец, залить молоком, закрыть крышкой и поставить в прохладное место на 3 часа. Лук почистить и нарезать крупными кольцами. Маринованное мясо нанизать на шампуры, чередуя с кольцами лука, и жарить над углями, сбрызгивая маринадом, до готовности. Шашлык подавать с салатом из свежей белокочанной капусты.

### Шашлык из свинины с чесночными стрелками

*1,3 кг мякоти свинины • 5 чесночных стрелок • 2 ч. л. соли • 1 л воды • 7 красных* помидоров • 0,5 ст. л. 9 % уксуса • 0,25 ч. л. черного молотого перца.

Мясо хорошо вымыть и нарезать кусочками по 40 г. Затем кусочки сложить в эмалированную кастрюлю, посолить, поперчить, добавить чесночные стрелки, залить водой с уксусом, закрыть крышкой и поставить в прохладное место на 4,5 часа. Помидоры вымыть и нарезать крупными кольцами. Затем мясо достать из маринада и нанизать на шампуры, чередуя с кольцами помидоров. Шашлык жарить над углями, периодически сбрызгивая маринадом, до готовности. Подавать с чесночным соусом и ломтиками серого хлеба.

### Шашлык из свиных ушек

*700 г свиных ушек • 1 л воды • 2 ч. л. соли • 2 лавровых листа • 3 горошины душистого перца • 2 головки репчатого лука • 1 ст. л. 9 % уксуса.*

Ушки хорошо вымыть, почистить, натереть солью, сложить в эмалированную кастрюлю, залить водой с уксусом, добавить лавровый лист, перец, мелко нашинкованный лук, закрыть крышкой и поставить в прохладное место на 1,5 часа. Маринованные ушки нанизать на шампуры и жарить над углями, сбрызгивая маринадом, до готовности. Готовый шашлык подавать с горчицей.

## Приготовление блюд на гриле, мангале, фондю и барбекю

### Шашлык из свинины в томатном соке

*1 кг мякоти свинины • 1 л томатного сока • 1 ч. л. соли • 0,25 ч. л. красного молотого перца • 0,5 ч. л. перца паприка.*

Мясо хорошо промыть, нарезать кусочками по 40–50 г и залить маринадом на час (маринад: сок, перец, соль). Маринованные кусочки свинины нанизать на шампуры и жарить над углями до готовности, периодически сбрызгивая красным вином. Подавать к столу с помидорами и сладким перцем, приготовленными на барбекю.

### Шашлык из свиной грудины

*500 г свиной грудины • 1 л хлебного кваса • 1 стручок жгучего перца.*

Мясо вымыть и нарезать кусочками по 40 г. Кусочки положить в эмалированную кастрюлю, посолить, залить квасом, добавить перец, закрыть крышкой и поставить в прохладное место на 7 часов. Затем кусочки мяса нанизать на шампуры и жарить над углями, сбрызгивая маринадом, до готовности. Шашлык подавать с тушеными кабачками и чесноком.

### Шашлык из свинины и подберезовиков

*700 г мякоти свинины • 500 г подберезовиков • 7 головок репчатого лука • 3 го-*

рошины душистого перца • 1 ст. л. соли • 1 л воды • 1 лавровый лист • 0,5 ст. л. 9 % уксуса.

Грибы и мясо хорошо вымыть. Мясо нарезать кусочками по 30 г. Лук почистить и нарезать кольцами. Кусочки мяса положить в эмалированную кастрюлю, посолить, добавить душистый перец, кольца лука, залить водой с уксусом, закрыть крышкой и поставить в прохладное место на 5 часов. Грибы почистить и отварить в воде с солью и лавровым листом в течение 5 минут. Затем грибы откинуть на дуршлаг и дать стечь воде. Если грибы крупные, разрезать их на две части. Кусочки свинины нанизать на шампуры, чередуя с грибами и маринованным луком. Шашлык жарить над углями, сбрызгивая маринадом, до готовности. Подавать с листьями салата и ломтиками пшеничного хлеба.

## Шашлык из мякоти молодого поросенка

1 кг мякоти молодого поросенка • 600 г майонеза • 500 мл томатного сока • 200 мл газированной минеральной воды • 0,25 ч. л. черного молотого перца • 1 ч. л. соли • 1 лавровый лист • 5 головок репчатого лука • 70 мл сухого красного вина.

Мясо вымыть, нарезать кусочками и положить в эмалированную кастрюлю. Майонез смешать с соком, минеральной водой, солью, перцем и лавровым листом.

Приготовленным маринадом залить мясо. Кастрюлю с мясом и маринадом закрыть крышкой и поставить в прохладное место на 4 часа. Лук почистить и нарезать крупными кольцами. Маринованные кусочки мяса нанизать на шампуры, чередуя с кольцами лука. Шашлык жарить над углями, сбрызгивая вином, до готовности. Подавать с ломтиками ржаного хлеба и красным сухим вином.

## Шашлык из говядины

### 1-й способ

*2 кг мякоти говядины • 10 головок репчатого лука • 3 горошины душистого перца • 7 горошин черного перца • 3 лавровых листа • 1,5 л воды • 150 мл винного уксуса • 1 ч. л. соли.*

Мякоть говядины хорошо промыть прохладной водой, нарезать кусочками по 40–50 г и залить маринадом на 2 часа (для маринада: репчатый лук, нарезанный крупными кольцами, душистый перец, черный перец, лавровый лист, винный уксус, соль, вода). Маринованные кусочки нанизать на шампуры, чередуя с кольцами маринованного лука. Во время приготовления мясо сбрызгивать маринадом. Готовый шашлык подавать с сухим красным вином, свежими овощами и зеленью.

# Мангал

**2-й способ**

*1,2 кг мякоти говядины • 3 головки репчатого лука • 1 лавровый лист • 0,25 ч. л. черного молотого перца • 5 горошин душистого перца • 0,5 ч. л. соли • 1,5 ст. л. 9 % уксуса • 1 лимон • 1 пучок петрушки.*

Мясо хорошо промыть, нарезать кусочками по 30–40 г, сложить в эмалированную кастрюлю, добавить соль, черный молотый перец, душистый перец, лавровый лист, уксус, мелко нашинкованный репчатый лук, все хорошо перемешать, закрыть крышкой и поставить в холодное место на 2,5 часа. Затем мясо нанизать на шампуры и жарить над углями до готовности. Подавать к столу с зеленью петрушки и лимоном.

## Шашлык из говядины в томатном соке

*1 кг мякоти говядины • 1 л томатного сока • 0,5 ч. л. черного молотого перца • 1 ч. л. соли • 0,25 ч. л. эстрагона.*

Мясо хорошо промыть, нарезать кусочками по 50 г и залить маринадом на 40 минут (маринад: сок, перец, эстрагон, соль). Маринованные кусочки нанизать на шампуры и жарить над углями до готовности, периодически сбрызгивая маринадом. Подавать готовый шашлык со свежим сладким красным перцем.

Приготовление блюд на гриле, мангале, фондю и барбекю

## Шашлык из говядины с горчицей

*2 кг мякоти говядины • 100 г столовой горчицы • 10 головок репчатого лука • 1 ч. л. черного молотого перца • 1 л мясного бульона (желательно жирного) • 1 ст. л. корня молотого сельдерея • 2 ч. л. соли.*

Мясо хорошо вымыть, нарезать кусочками по 40–50 г и залить маринадом на 2 часа (маринад: в мясном бульоне развести горчицу, добавить соль, перец, корень сельдерея, лук, нарезанный крупными кольцами). Мясо нанизать на шампуры, чередуя с кольцами маринованного лука, и жарить над углями, периодически сбрызгивая маринадом, до готовности. Подавать шашлык с отварным картофелем и свежими помидорами.

## Шашлык из конины

**1-й способ**

*1 кг мякоти конины • 700 мл воды • 50 мл винного уксуса • 5 головок репчатого лука • 0,25 ч. л. красного молотого перца • 1 ч. л. соли.*

Мясо хорошо вымыть и нарезать кусочками по 30 г. Каждый кусочек слегка отбить, натереть солью, перцем, сложить в эмалированную кастрюлю, залить водой с уксусом, закрыть крышкой и поставить в прохладное место на 5 часов. Лук почистить и нарезать крупными кольцами. Кусочки конины нанизать на шампуры, чередуя с кольцами лука. Шашлык жарить над углями, сбрызгивая маринадом, до готовности. Подавать с сухим красным вином и дольками красных помидоров.

**2-й способ**

*700 г мякоти конины • 1 ч. л. соли • 0,5 ч. л. семян горчицы • 500 мл кисломолочного напитка • 0,25 ч. л. красного молотого перца.*

Мясо хорошо вымыть и нарезать кусочками по 40 г. Кусочки положить в эмалированную кастрюлю, залить кисломолочным напитком, посолить, поперчить, добавить семена горчицы, закрыть крышкой и поставить в холодильник на 7 часов. Маринованные кусочки конины нанизать на шампуры и жарить над углями, сбрызгивая маринадом, до готовности. Шашлык подавать с рисом, приготовленным на пару.

**3-й способ**

*1,5 кг мякоти конины • 1 кг майонеза • 1 л томатного сока • 0,25 ч. л. красного молотого перца • 1 ст. л. соли • 10 головок репчатого лука.*

Мясо хорошо вымыть, нарезать кусочками по 40 г, отбить, положить в эмалированную кастрюлю, залить

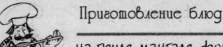

маринадом (для маринада: сок, майонез, соль, перец), закрыть крышкой и поставить в прохладное место на 10 часов. Лук почистить и нарезать крупными кольцами. Маринованное мясо нанизать на шампуры, чередуя с кольцами лука. Шашлык жарить над углями до готовности. Подавать со свежими красными помидорами, разрезанными на две части, и картофельным пюре.

## Шашлык из телятины

**1-й способ**

*2 кг мякоти телятины • веточка эстрагона • 0,25 ч. л. черного молотого перца • 0,25 ч. л. красного молотого перца • 2 лайма • 2 ч. л. соли • 15 помидоров • 150 мл белого сухого вина.*

Мясо хорошо промыть, нарезать на кусочки по 40–50 г и положить в эмалированную кастрюлю. Мясо заправить солью, черным и красным молотым перцем, веточкой эстрагона, соком, выжатым из лаймов. Всё хорошо перемешать, закрыть крышкой и оставить на 30 минут. Кусочки нанизать на шампуры, чередуя с красными помидорами, нарезанными крупными кольцами. Во время приготовления мясо периодически сбрызгивать белым сухим вином. Готовый шашлык подавать с листьями салата.

## 2-й способ

*1 кг мякоти телятины • 200 мл красного сухого вина • 1 л воды • 5 головок репчатого лука • 1 ч. л. соли • 0,5 ч. л. тмина • 0,25 ч. л. черного молотого перца.*

Мясо хорошо промыть прохладной водой, нарезать кусочками по 40 г, сложить в эмалированную кастрюлю, залить маринадом (маринад: вино, вода, соль, тмин, перец, лук, нарезанный крупными кольцами), закрыть крышкой и оставить на 3 часа. Маринованное мясо нанизать на шампуры, чередуя с маринованным луком, и жарить над углями, сбрызгивая маринадом, до готовности. Шашлык подавать с помидорами и подовым хлебом.

## 3-й способ

*1 кг мякоти телятины • 900 г оливкового майонеза • 1 ч. л. перца паприка • 1 ч. л. соли • 7 головок репчатого лука • 5 помидоров.*

Мясо хорошо промыть и нарезать кусочками по 50 г. Приготовить маринад из майонеза, перца, соли, лука, нарезанного крупными кольцами, и залить им кусочки мяса на 3 часа. Маринованное мясо нанизать на шампуры, чередуя с кольцами маринованного лука и кольцами помидоров. Шашлык жарить над углями до готовности. Подавать к столу с отварным рисом.

## Шашлык из телятины с айвой

*1 кг мякоти телятины • 300 г айвы • 30 мл винного уксуса • 1 л воды • 2 ч. л. соли • 1 ч. л. перца паприка.*

Мясо хорошо вымыть, нарезать кусочками по 40 г, сложить в эмалированную кастрюлю, посолить, поперчить, залить уксусом и водой и поставить в прохладное место на 3 часа. Маринованное мясо нанизать на шампуры, чередуя с крупно нарезанными кружочками айвы, и жарить над углями до готовности. Подавать с ломтиками белого хлеба.

## Шашлык из молодой телятины с листьями лимона

*500 г мякоти молодой телятины • 3 листа лимона • 1 ст. л. фруктового уксуса • 1 л воды • 70 мл сухого красного вина • 5 красных помидоров.*

Мясо вымыть и нарезать кусочками по 40 г. Кусочки положить в эмалированную кастрюлю, залить водой с уксусом, добавить листья лимона, закрыть крышкой и поставить в прохладное место на 3 часа. Кусочки мяса откинуть на дуршлаг и дать стечь маринаду. Помидоры вымыть и нарезать крупными кольцами. Кусочки нанизать на шампуры, чередуя с кольцами помидоров. Шашлык жарить над углями, сбрызгивая вином, до готовности. Подавать с фруктовым соком.

## Мангал

### Шашлык из оленины

*1 кг мякоти оленины • 100 мл винного уксуса • 1 л кипяченой охлажденной воды • 10 головок репчатого лука • 2 ч. л. смеси карри • 1 ст. л. соли • 1 лавровый лист • 1 веточка эстрагона • 7 красных помидоров • соевый соус.*

Мясо хорошо вымыть, обсушить, слегка отбить, нарезать кусочками по 40 г и положить в эмалированную кастрюлю. Лук нарезать крупными кольцами и положить в кастрюлю с мясом. К мясу добавить лавровый лист, соль, эстрагон и смесь карри. Все это залить водой с уксусом, закрыть крышкой и поставить в прохладное место на 12 часов. Кусочки оленины нанизать на шампуры, чередуя с кольцами маринованного лука. Шашлык жарить над углями, сбрызгивая маринадом, до готовности. Готовый шашлык полить соевым соусом и подавать к столу со свежими помидорами.

### Шашлык из рубленого мяса

*1 кг филе говядины • 1 ч. л. соли • 0,25 ч. л. черного молотого перца • 0,25 ч. л. красного молотого перца • 2 головки репчатого лука • 100 мл красного сухого вина • 200 мл оливкового масла.*

Филе говядины хорошо промыть в холодной воде, очень мелко нарубить и положить в эмалированную посуду, добавить лук, пропущенный через мясорубку, соль, перец и хорошо перемешать. Полученный фарш скатать в шарики по 30–40 г и обжарить в разогретом масле на сковороде до полуготовности. Шарики нанизать на шампуры и жарить над углями до готовности, сбрызгивая вином. Подавать со сладким перцем.

## Шашлык из дикого кабана

*2 кг мякоти дикого кабана • 1 ст. л. соли • 2 гвоздики • 0,25 ч. л. кинзы • 0,5 ч. л. эстрагона • 100 мл винного уксуса • 2 л воды • 7 горошин душистого перца • 0,25 ч. л. черного молотого перца • 10 головок репчатого лука.*

Мясо хорошо промыть, нарезать кусочками по 50 г, сложить в эмалированную кастрюлю и залить маринадом (для маринада: соль, гвоздика, вода, уксус, перец, эстрагон, кинза, лук, нарезанный крупными кольцами), закрыть крышкой и поставить в прохладное место на 12 часов. Кусочки мяса нанизать на шампуры, чередуя с кольцами маринованного лука и жарить над углями до готовности, периодически сбрызгивая маринадом. Подавать готовый шашлык с помидорами, сладким красным перцем и сухим красным вином.

## Шашлык из грудинки ягненка

*1 кг грудинки ягненка • 400 мл красного сухого вина • 2 веточки эстрагона •*

# Мангал

*1 ст. л. соли • 0,25 ч. л. красного молотого перца • 5 головок репчатого лука.*

Мясо хорошо вымыть, нарезать кусочками по 40–50 г, положить в эмалированную кастрюлю, посолить, поперчить, посыпать мелко нарезанным эстрагоном, залить вином, добавить лук, нарезанный крупными кольцами, закрыть крышкой и поставить в прохладное место на 3 часа. Кусочки грудинки нанизать на шампуры, чередуя с кольцами маринованного лука. Шашлык жарить над углями, сбрызгивая маринадом, до готовности. Подавать с красным сухим вином.

## Шашлык из грудинки ягненка в соевом молоке

*1 кг грудинки ягненка • 1 л. соевого молока • 0,25 ч. л. смеси карри • 1 ст. л. соли • 3 головки репчатого лука.*

Мясо вымыть и нарезать кусочками по 40 г. Кусочки натереть смесью карри, солью, залить молоком, закрыть крышкой и поставить в холодильник на 3,5 часа. Лук почистить и нарезать кольцами. Мясо достать из маринада и нанизать на шампуры, чередуя с кольцами лука. Шашлык жарить над углями, сбрызгивая маринадом, до готовности. Подавать с гренками из белого хлеба.

# Шашлык из баранины

## 1-й способ

*2 кг мякоти баранины • 4 лавровых листа • 5 горошин душистого перца • 7 горошин черного перца • 15 головок репчатого лука • 150 мл винного уксуса • 1,5 л воды • 1 ч. л. соли.*

Мясо хорошо промыть прохладной водой, нарезать на кусочки по 50 г, залить холодной водой на час, воду слить. Затем кусочки баранины положить в эмалированную кастрюлю, добавив репчатый лук, нарезанный крупными кольцами, душистый перец, черный перец, лавровый лист, соль — это все перемешать и залить водой, винным уксусом, закрыть крышкой и оставить на час. Кусочки мяса нанизать на шампуры, чередуя с кольцами маринованного лука. Во время приготовления шашлык сбрызгивать маринадом. Готовый шашлык посыпать мелко нарубленным укропом. Подавать с красным сухим вином и маслинами.

## 2-й способ

*1 кг мякоти баранины • 0,5 ч. л. черного молотого перца • 1 ч. л. соли • 5 головок репчатого лука • 50 мл винного уксуса • зелень • свежие помидоры.*

Мясо хорошо промыть, нарезать одинаковыми небольшими кусочками по 30–40 г, сложить в эмалированную посуду, посолить, посыпать молотым черным перцем, добавить мелко нашинкованный репчатый лук, уксус, хорошо перемешать, накрыть крышкой и поставить в холодное место на 3 часа. Кусочки нанизать на шампуры и жарить до готовности над углями. Готовый шашлык подавать к столу, украсив зеленью и помидорами.

### 3-й способ

*500 г мякоти баранины • 1 головка репчатого лука • 3 ст. л. 9 % уксуса • 0,5 ч. л. соли • 0,25 ч. л. черного молотого перца.*

Мясо хорошо промыть, нарезать кусочками по 30 г, сложить в фарфоровую или эмалированную посуду, посолить, поперчить, добавить мелко нашинкованный репчатый лук, уксус, хорошо перемешать, накрыть тарелкой и придавить прессом. Мариновать 3 часа. Затем вынуть мясо из маринада, очистить от лука, нанизать на шампуры и жарить над углями до готовности. Шашлык подавать с овощным салатом.

## Шашлык из лося

*1,5 кг мякоти лося • 2 л воды • 2 ст. л. 9 % уксуса • 2 лавровых листа • 5 горошин черного перца • 3 горошины душистого перца • 2 ст. л. соли • 0,25 ч. л. черного молотого перца • 7 головок репчатого лука.*

Мясо хорошо вымыть и нарезать кусочками по 40 г. Кусочки отбить, положить в эмалированную кастрюлю, залить маринадом (маринад: вода, уксус, лавровый лист, перец, соль, лук, нарезанный крупными кольцами), закрыть крышкой и поставить в прохладное место на 10 часов. Мясо нанизать на шампуры, чередуя с кольцами маринованного лука. Шашлык жарить над углями, сбрызгивая маринадом, до готовности. Подавать с маринованными шампиньонами.

### Шашлык из нутрии

*1 тушка нутрии (2—2,1 кг) • 10 головок репчатого лука • 3 лавровых листа • 5 горошин душистого перца • 7 горошин черного перца • 0,25 ч. л. эстрагона • 2 гвоздики • 2 л воды • 2 ст. л. 9 % уксуса • 100 мл красного сухого вина • 1 ст. л. соли.*

Тушку нутрии хорошо вымыть, нарубить кусочками по 50 г и залить холодной водой на час. Затем кусочки мяса выложить в эмалированную кастрюлю, добавить лук, нарезанный крупными кольцами, перец, эстрагон, соль, лавровый лист, гвоздику, уксус и воду. Все ингредиенты хорошо перемешать, закрыть крышкой, поставить в прохладное место на 8 часов. Затем маринованные кусочки нанизать на шампуры, чередуя с кольцами лука, и жарить над углями, сбрызгивая красным вином, до готовности. Готовый шашлык подавать со свежими красными помидорами и свежим красным сладким перцем.

## Мангал

### Шашлык из китового мяса

**1-й способ**

*1 кг китового мяса • 10 головок репчатого лука • 1 ст. л. соли • 1 л светлого пива.*

Мясо хорошо вымыть, посолить и оставить на 15 минут. Лук почистить и нарезать крупными кольцами. Мясо нарезать кусочками по 40 г, положить в эмалированную кастрюлю, залить пивом, добавить лук, закрыть крышкой и поставить в холодильник на 8–10 часов. Кусочки мяса нанизать на шампуры, чередуя с кольцами маринованного лука. Шашлык жарить над углями, сбрызгивая пивом, до готовности. Подавать с салатом из моркови.

**2-й способ**

*700 г китового мяса • 1 кг майонеза • 500 мл томатного сока • 2 ч. л. соли • 0,5 ч. л. красного молотого перца • 50 мл красного сухого вина • 3 горошины душистого перца • 10 розовых помидоров среднего размера.*

Мясо вымыть, обсушить и нарезать кусочками по 30–40 г. Кусочки мяса положить в эмалированную кастрюлю, посолить, поперчить, залить майонезом с соком, хорошо перемешать, закрыть крышкой и поставить в прохладное место на 7 часов. Помидоры вымыть и нарезать крупными кольцами. Маринованное мясо нанизать на шампуры, чередуя с кольцами помидоров. Шашлык жарить над углями, периодически сбрызгивая вином, до готовности. Подавать с ломтиками белого хлеба.

## 3-й способ

*1 кг китового мяса • 1,5 ст. л. бальзамического уксуса • 2 ч. л. уксуса из белого винограда • 2 ч. л. соли • 1 л воды • 2 горошины душистого перца • 3 горошины черного перца • 1 лавровый лист • 5 головок репчатого лука.*

Мясо вымыть, нарезать кусочками по 40 г, положить в эмалированную кастрюлю, залить водой с уксусом, добавить перец, лавровый лист, лук, нарезанный крупными кольцами, посолить, закрыть крышкой и оставить на 8–9 часов. Кусочки нанизать на шампуры, чередуя с кольцами маринованного лука. Шашлык жарить над углями, периодически сбрызгивая маринадом, до готовности. Подавать с квашеной капустой.

## *Шашлык из шпигачек*

*1 кг шпигачек • 7 средних головок репчатого лука • 5 крупных розовых помидоров • 70 мл красного сухого вина.*

Шпигачки очистить от оболочки и разрезать на четыре части. Лук и помидоры почистить, вымыть прохладной водой и нарезать кольцами. Шпигачки нанизать на шампуры, чередуя с кольцами помидоров и лука. Шашлык жарить над углями, сбрызгивая вином, до готовности. Подавать с ломтиками серого хлеба.

### Шашлык из сосисок

1 кг сосисок • 2 ст. л. бальзамического уксуса • 5 розовых помидоров • 1 ч. л. соли.

Сосиски очистить от оболочки и разрезать поперек на две части. Затем сосиски положить на плоскую большую тарелку, посолить, сбрызнуть уксусом и оставить на 30 минут. Помидоры вымыть и нарезать кольцами. Сосиски нанизать на шампуры, чередуя с кольцами помидоров. Шашлык жарить над углями до готовности. Подавать с ломтиками серого хлеба и горчицей.

### Шашлык из сосисок и цветной капусты

700 г сосисок • 1 кочан цветной капусты • 3 розовых помидора среднего размера • 2 ч. л. соли • 1 ст. л. уксуса из белого вина • 700 мл воды • 3 горошины черного перца.

Сосиски освободить от оболочки и разрезать поперек на две части. Затем сосиски положить в эмалированную кастрюлю, посолить (1 ч. л. соли), залить водой с уксусом, добавить горошины перца, закрыть крышкой и оставить на 1,2 часа. Капусту и помидоры хорошо вымыть. Кочан капусты отварить в кипящей подсоленной воде в течение 4 минут. Затем капусту разделить на соцветия. Помидоры нарезать кольцами. Сосиски нанизать на шампуры, чередуя с помидорами и капустой. Шашлык жарить над углями, сбрызгивая маринадом, до готовности. Подавать с томатным соком.

### Шашлык из сарделек

*700 г сарделек • 3 ст. л. уксуса из красного вина • 0,5 ч. л. смеси карри • 4 головки репчатого лука • 3 красных сладких перца.*

Сардельки очистить от оболочки, разрезать поперек на две части, посыпать смесью карри, сбрызнуть уксусом и оставить на 20 минут. Лук и перец вымыть, почистить и нарезать тонкими кольцами. Сардельки нанизать на шампуры, чередуя с кольцами лука и перцев. Шашлык жарить над углями до готовности. Подавать с ломтиками пшеничного хлеба.

### Шашлык из кальмаров

**1-й способ**

*1 кг кальмаров • 1 веточка мяты • 0,5 ч. л. имбиря • 20 мл винного уксуса • 0,5 ч. л.*

черного молотого перца • 1 ч. л. сахара • 0,5 ч. л. соли • 30 мл оливкового масла • 2 лайма • оливки без косточек.

Тушки кальмаров хорошо промыть теплой водой, очистить от пленки и нарезать кусочками длиной 15 см. Затем эти кусочки положить в кастрюлю и перемешать с черным молотым перцем, сахаром, солью, имбирем, винным уксусом, оливковым маслом, веточкой мяты. Закрыть крышкой и оставить на час. Нанизать мясо кальмаров на шампуры и жарить над углями 3 минуты. Готовый шашлык подавать с нарезанными ломтиками лайма и оливками.

## 2-й способ

700 г кальмаров • 1 веточка кинзы • 1 веточка эстрагона • 1 ст. л. перца чили • 0,5 ч. л. соли • 1 ч. л. сахара • 100 мл красного сухого вина • 5 красных свежих помидоров.

Тушки кальмаров хорошо промыть теплой водой, очистить от пленки и нарезать кусочками длиной 10–15 см, сложить в эмалированную кастрюлю, посолить, поперчить, посахарить, добавить вино, мелко нарезанную зелень кинзы и эстрагона, хорошо перемешать, закрыть крышкой и оставить на 30 минут. Мясо кальмаров нанизать на шампуры и жарить над углями 3–4 минуты. Подавать шашлык к столу со свежими помидорами, нарезанными кольцами.

## Шашлык из мяса мидий

*500 г мяса мидий • 0,25 ч. л. смеси карри • 1 ч. л. соли • 200 мл белого сухого вина • 3 головки репчатого лука • 1 пучок петрушки.*

Мясо мидий, лук, петрушку вымыть прохладной водой. Мидии сложить в эмалированную кастрюлю, посолить, посыпать смесью карри, залить вином, закрыть крышкой и поставить в прохладное место на 10 минут. Лук нарезать кольцами, петрушку мелко нашинковать. Маринованное мясо нанизать на шампуры, чередуя с кольцами лука, и жарить над углями, сбрызгивая маринадом, до готовности. Готовый шашлык посыпать зеленью петрушки и подавать к столу с салатом из морской капусты.

## Шашлык из креветок

*400 г очищенных крупных креветок • 2 лайма • 0,25 ч. л. сладкого молотого перца • 1 ч. л. соли • 50 мл белого сухого вина.*

Креветки хорошо вымыть прохладной водой, сложить в эмалированную кастрюлю, сбрызнуть соком, выжатым из лаймов, и оставить на 7 минут. Затем креветки посолить, поперчить, закрыть крышкой и поставить в прохладное место на 20 минут. Креветки нанизать на шампуры и жарить над углями, сбрызгивая вином, до готовности. Шашлык подавать со сладким свежим желтым перцем.

## Шашлык из мяса осьминога

*400 г мяса осьминога • 1 л охлажденной кипяченой воды • 3 красных помидора • 1 ч. л. соли • 2 ст. л. винного уксуса • 1 лавровый лист.*

Мясо осьминога вымыть прохладной водой и нарезать кусочками по 30 г. Кусочки сложить в эмалированную кастрюлю, залить маринадом (для маринада: вода, соль, уксус, лавровый лист), закрыть крышкой и поставить в прохладное место на 15 минут. Маринованное мясо нанизать на шампуры, чередуя с кольцами помидоров, и жарить над углями до готовности. Шашлык подавать с ломтиками белого хлеба.

## Шашлык из маринованных шампиньонов и кальмаров

*200 г маринованных шампиньонов • 500 г кальмаров • 1 ч. л. соли • 100 г сметаны • 0,5 ч. л. сладкого молотого перца.*

Кальмары почистить, вымыть и отварить в подсоленной воде минуту. Затем кальмары остудить и разрезать на три части. Кальмары посыпать перцем и оставить на 7 минут. Кальмары нанизать на шампуры, чередуя с шампиньонами. Шашлык жарить над углями три минуты. Подавать со сметаной.

## Шашлык из горбуши

*1 кг филе горбуши • 0,5 ч. л. соли • 0,25 ч. л. красного молотого перца • 1 ч. л. кинзы • 4 лимона • 100 мл красного сухого вина.*

Филе горбуши промыть холодной водой, нарезать кусочками по 40 г, положить в кастрюлю и добавить соль, перец, кинзу и сок, выжатый из лимонов. Все хорошо перемешать, закрыть крышкой и оставить на 1,5 часа. Кусочки нанизать на шампуры. Во время приготовления шашлык сбрызгивать красным сухим вином. Готовый шашлык подавать с салатом из свежих овощей.

## Шашлык из скумбрии

*1 кг филе скумбрии • 4 ст. л. горчицы • 1 ч. л. соли • 0,5 ч. л. черного молотого перца • 5 головок репчатого лука.*

Филе скумбрии промыть холодной водой, нарезать кусочками по 30 г, посолить, поперчить, обмазать горчицей и оставить на 15 минут. Затем кусочки нанизать на шампуры, чередуя с луком, нарезанным кольцами (лук предварительно обдать кипятком), и жарить над углями до готовности. Шашлык подавать с цуккини.

# Мангал

## Шашлык из лososя

*1 кг филе лосося • 4 лавровых листа • 3 горошины душистого перца • 5 горошин черного перца • 1 веточка эстрагона • 100 мл белого сухого вина • 1 ч. л. соли.*

Филе лосося промыть холодной водой, нарезать на кусочки по 50 г и сложить в эмалированную кастрюлю, добавив лавровый лист, перец душистый и черный, веточку эстрагона, соль, вино. Все хорошо перемешать, закрыть крышкой и оставить на 1,5 часа. Маринованные кусочки нанизать на шампуры. Во время приготовления сбрызгивать маринадом. Готовый шашлык подавать с запеченным картофелем.

## Шашлык из филе морского языка

**1-й способ**

*700 г филе морского языка • 1 грейпфрут • 0,5 ч. л. сахара • 1 ч. л. соли • 0,25 ч. л. красного молотого перца • 0,25 ч. л. имбиря • 2 ст. л. оливкового масла.*

Филе морского языка промыть холодной водой, нарезать на кусочки по 30–40 г и сложить в эмалированную кастрюлю, добавив сок грейпфрута, сахар, соль, перец, имбирь, оливковое масло. Все ингредиенты хорошо перемешать, закрыть крышкой и оставить на

30 минут. Филе нанизать на шампуры и жарить над углями до готовности. Шашлык подавать с маринованной цветной капустой или салатом из свежей краснокочанной капусты.

## 2-й способ

*1 кг филе морского языка • 150 мл белого сухого вина • 1 ч. л. соли • 0,5 ч. л. сахара • 0,25 ч. л. черного молотого перца • 0,5 ч. л. кинзы.*

Филе морского языка хорошо промыть холодной водой, нарезать кусочками по 40–50 г и залить маринадом на 30 минут (для маринада: белое сухое вино, соль, сахар, черный молотый перец, кинза). Маринованное филе нанизать на шампуры и жарить над углями, периодически сбрызгивая маринадом, до готовности. Шашлык подавать с салатом из спаржи.

### *Шашлык из морского языка в ананасовом рассоле*

*1 кг филе морского языка • 400 мл ананасового рассола • 0,5 ч. л. соли • 5 красных помидоров.*

Филе хорошо вымыть прохладной водой и нарезать кусочками по 30–40 г. Помидоры вымыть и нарезать крупными кольцами. Кусочки филе положить в эмалированную кастрюлю, посолить, залить рассолом, закрыть крышкой и поставить в прохладное место на 2,5 часа.

Филе достать из рассола и нанизать на шампуры, чередуя с кольцами помидоров. Шашлык жарить над углями, периодически сбрызгивая рассолом, до готовности. Подавать с ломтиками белого батона.

## Шашлык из кеты

*1 кг филе кеты • 0,5 ч. л. кинзы • 0,5 ч. л. имбиря • 1 ч. л. сахара • 0,5 ч. л. соли • 5 лимонов.*

Филе кеты хорошо промыть, нарезать на кусочки по 40 г и сложить в кастрюлю, добавив кинзу, имбирь, сахар, соль, сок, выжатый из лимонов. Все это хорошо перемешать, закрыть крышкой и оставить на час. Кусочки нанизать на шампуры и жарить над углями до готовности. Шашлык подавать с консервированной сладкой кукурузой.

## Шашлык из сардинеллы

### 1-й способ

*700 г филе сардинеллы • 200 мл красного сухого вина • 0,5 ч. л. смеси карри • 1 ч. л. соли • 4 крупных красных сладких перца.*

Филе вымыть прохладной водой и нарезать кусочками по 40 г. Каждый кусочек натереть солью, смесью карри, положить в эмалированную кастрюлю, залить вином, закрыть крышкой и оставить на 40 минут. Перец вымыть, очистить от семян и нарезать дольками. Маринованные кусочки филе нанизать на шампуры, чередуя с дольками перцев. Шашлык жарить над углями, сбрызгивая маринадом, до готовности. Подавать с консервированным зеленым горошком.

## 2-й способ

*700 г филе сардинеллы • 7 мл концентрированного лимонного сока • 2 ч. л. соли • 0,25 ч. л. черного молотого перца.*

Филе вымыть прохладной водой, обсушить, натереть солью, перцем, положить на плоскую тарелку, сбрызнуть лимонным соком со всех сторон и оставить на час. Затем филе нарезать кусочками по 40 г и нанизать на шампуры. Шашлык жарить над углями до готовности. Подавать к столу с салатом из цветной капусты.

## *Шашлык из севрюги*

*1 кг филе севрюги • 500 мл белого сухого вина • 3 головки репчатого лука • 1 ч. л. кориандра • 2 лавровых листа • 3 горошины душистого перца • 0,25 ч. л. красного молотого перца • 1 ч. л. соли • 5 свежих красных помидоров.*

Филе севрюги хорошо промыть и нарезать кусочками по 40–50 г. Кусочки натереть солью, красным перцем, кориандром, сложить в эмалированную кастрюлю, залить вином и оставить на 10 минут. Затем добавить душистый перец, лавровый лист, лук, нарезанный крупными кольцами, закрыть крышкой и оставить на 50 минут. Маринованное филе нанизать на шампуры, чередуя с кольцами маринованного лука и помидоров, и жарить над углями до готовности, периодически сбрызгивая маринадом. Готовый шашлык подавать к столу с салатом из моркови, приготовленным по-корейски.

## Шашлык из трески

**1-й способ**

*700 г филе трески • 3 лайма • 0,25 ч. л. черного молотого перца • 1 ч. л. соли • 0,25 ч. л. кинзы.*

Филе трески вымыть холодной водой, нарезать кусочками по 30–40 г, положить в кастрюлю, добавив сок, выжатый из лаймов, перец, кинзу, соль. Все это хорошо перемешать и оставить на час. Маринованное филе нанизать на шампуры и жарить над углями до готовности. Подавать с овощным рагу.

**2-й способ**

*2 кг филе трески • 2 л огуречного рассола • 10 головок репчатого лука • 1 ч. л. душицы.*

# Приготовление блюд на гриле, мангале, фондю и барбекю

Филе вымыть прохладной водой, нарезать кусочками по 40 г, сложить в эмалированную кастрюлю, залить огуречным рассолом, добавить душицу, лук, нарезанный кольцами, закрыть крышкой и оставить на час. Затем кусочки нанизать на шампуры, чередуя с кольцами маринованного лука. Шашлык жарить над углями, периодически сбрызгивая маринадом, до готовности. Подавать со свежим красным сладким перцем и красными помидорами.

## Шашлык из осетра

*500 г филе рыбы осетр • 0,25 ч. л. черного молотого перца • 0,25 ч. л. тмина • 0,5 ч. л. соли • 1 ст. л. 9 % уксуса • 1 л воды • 5 головок репчатого лука.*

Рыбу промыть холодной водой, нарезать кусочками по 30 г и замариновать на час (маринад: перец, тмин, соль, уксус, вода, лук, нарезанный кольцами). Маринованное филе нанизать на шампуры, чередуя с маринованным луком. Жарить над углями до готовности, сбрызгивая маринадом. Шашлык подавать со свежей зеленью и оливками.

## Шашлык из филе морского окуня

*1 кг филе морского окуня • 200 мл белого сухого вина • 1 пучок укропа • 1 пучок петрушки • 1 ч. л. майорана • 1 ч. л. соли • 800 мл воды.*

Филе окуня хорошо промыть прохладной водой, нарезать кусочками по 40–50 г и замариновать на час (маринад: вино, соль, вода, петрушка, укроп, майоран). Маринованные кусочки нанизать на шампуры и жарить над углями, сбрызгивая маринадом, до готовности. Шашлык подавать с луком-пореем и белым хлебом.

## Шашлык из форели

*1 кг филе форели • 50 мл коньяка • 0,25 ч. л. черного молотого перца • 1 ч. л. соли.*

Филе промыть прохладной водой, нарезать на кусочки по 30–40 г, посолить, поперчить, сбрызнуть коньяком, перемешать и оставить на 2 часа. Кусочки нанизать на шампуры и жарить над углями до готовности. Шашлык подавать со свежими овощами и чесноком.

## Шашлык из сардины

### 1-й способ

*1 кг филе сардины • 3 головки репчатого лука • 3 свежих красных помидора • 2 лайма • 1 ст. л. соли • 0,25 ч. л. черного молотого перца • 50 мл белого сухого вина.*

Филе вымыть прохладной водой и нарезать кусочками по 40 г. Кусочки филе положить в эмалированную кастрюлю, сбрызнуть соком, выжатым из лаймов, посолить, поперчить, закрыть крышкой и оставить на 2 часа. Помидоры и лук нарезать крупными кольцами. Маринованные кусочки нанизать на шампуры, чередуя с кольцами помидоров и лука. Шашлык жарить над углями, сбрызгивая вином, до готовности. Подавать с ломтиками белого хлеба и соевым соусом.

## 2-й способ

*500 г филе сардины • 2 крупных сладких красных перца • 3 крупных красных помидора • 0,5 ч. л. сладкого молотого перца • 500 мл охлажденной кипяченой воды • 1 ч. л. соли • 1 ч. л. 9 % уксуса.*

Филе вымыть прохладной водой, нарезать кусочками по 40 г, положить в эмалированную кастрюлю, залить маринадом (для маринада: вода, уксус, перец, соль), закрыть крышкой и поставить в прохладное место на 3 часа. Помидоры и перец вымыть, почистить и нарезать кольцами. Маринованные кусочки сардины нанизать на шампуры, чередуя с кольцами перцев и помидоров. Шашлык жарить над углями, сбрызгивая маринадом, до готовности. Подавать к столу с ломтиками белого хлеба и белым сухим вином.

## Шашлык из белуги

*1 кг филе белуги • 50 мл винного уксуса • 1 л воды • 5 головок репчатого лука •*

 *0,5 ч. л. молотой корицы • 1 лавровый лист • 3 горошины душистого перца • 0,25 ч. л. черного молотого перца • 1 ч. л. соли.*

Филе хорошо помыть прохладной водой, нарезать на кусочки по 50 г и замариновать на час (маринад: уксус, вода, лавровый лист, корица, перец, соль, лук, нарезанный кольцами). Маринованные кусочки нанизать на шампуры, чередуя с кольцами маринованного лука. Шашлык жарить над углями до готовности, периодически сбрызгивая маринадом. Подавать к столу со свежими помидорами, нарезанными крупными дольками.

### Шашлык из филе сельди

 *500 г филе сельди • 2 лимона • 1 ч. л. соли • 3 головки репчатого лука • 30 мл белого сухого вина.*

Филе вымыть прохладной водой и нарезать кусочками по 30–40 г. Лук почистить и нарезать кольцами. Затем филе положить в эмалированную кастрюлю, сбрызнуть соком, выжатым из лимонов, посолить, добавить лук, закрыть крышкой и поставить в прохладное место на 40 минут. Кусочки сельди нанизать на шампуры, чередуя с кольцами лука. Шашлык жарить над углями, периодически сбрызгивая вином, до готовности. Подавать с черным хлебом и зеленью.

## Шашлык из палтуса

*700 г филе палтуса • 1 корень петрушки • 5 головок репчатого лука • 3 сладких свежих перца • 1 пучок зелени укропа • 0,25 ч. л. черного молотого перца • 1 ч. л. соли • 1 лавровый лист • 1 ст. л. 9 % уксуса • 1 л воды.*

Филе хорошо промыть прохладной водой и залить маринадом на 20 минут (маринад: вода, уксус, перец, лавровый лист, мелко нарезанный корень петрушки, соль, лук, нарезанный крупными кольцами). Маринованные кусочки нанизать на шампуры, чередуя с кольцами маринованного лука и дольками сладкого перца. Жарить над углями до готовности, периодически сбрызгивая маринадом. Готовый шашлык подавать к столу, посыпав мелко нарезанной зеленью укропа.

## Шашлык из подосиновиков

*1 кг подосиновиков • 10 головок репчатого лука • 1 ст. л. 9% уксуса • 300 мл охлажденной кипяченой воды • 1 ч. л. соли • 200 г свиной корейки.*

Грибы хорошо промыть прохладной водой и отделить шляпки от ножек. Шляпки отварить в подсоленной воде в течение 10 минут, откинуть на дуршлаг и промыть холодной водой. Лук почистить, нарезать кольцами и замариновать на 20 минут (маринад: соль, уксус, вода). Корейку нарезать на кусочки по 10 г. Затем грибы нанизать на шампуры, чередуя с маринованным луком и корейкой. Жарить над углями до готовности. Шашлык подавать к столу, полив соевым соусом.

## Шашлык из шампиньонов

*1 кг шампиньонов • 5 головок репчатого лука • 5 помидоров • 2 ч. л. соли • 1 л воды.*

Грибы промыть прохладной водой, положить в любую посуду и залить подсоленной водой на 15 минут. Помидоры и лук нарезать кольцами. Грибы нанизать на шампуры, чередуя с помидорами и луком. Жарить над углями до готовности. Шашлык подавать с томатным соусом.

## Шашлык из белых грибов

*1 кг белых грибов • 7 сладких красных перцев • 1 ч. л. соли • 50 мл белого сухого вина • 100 г оливкового майонеза.*

Грибы хорошо промыть прохладной водой, шляпки отделить от ножек и натереть солью. Сладкий перец нарезать крупными кольцами. Затем шляпки грибов нанизать на шампуры, чередуя с кольцами перца. Шашлык жарить над углями до готовности, сбрызгивая белым вином. Готовый шашлык полить майонезом и подавать к столу.

Приготовление блюд на гриле, мангале, фондю и барбекю

## Шашлык из моховика

*1 кг грибов • 10 головок репчатого лука • 1 ст. л. соли • 2 гвоздики • 50 мл белого сухого вина.*

Грибы почистить и вымыть прохладной водой, шляпки отделить от ножек, посолить, посыпать гвоздикой и оставить на 15 минут. Лук вымыть, почистить и нарезать кольцами. Затем шляпки нанизать на шампуры, чередуя с кольцами лука. Шашлык жарить над углями, сбрызгивая вином, до готовности. Подавать с коричневым отварным рисом.

## Шашлык из сыроежек

### 1-й способ

*1 кг сыроежек • 10 сладких красных перцев • 1 ч. л. соли • 40 мл белого сухого вина • томатный соус.*

Грибы почистить, хорошо вымыть прохладной водой, шляпки отделить от ножек, посолить и оставить на 10 минут. Перец вымыть, почистить и нарезать кольцами. Грибы нанизать на шампуры, чередуя с кольцами перцев. Шашлык жарить над углями, сбрызгивая вином, до готовности. Подавать к столу с томатным соусом.

## 2-й способ

*1 кг сыроежек • 1 ст. л. соли • 1 ч. л. черного молотого перца • 100 мл виноградного сока.*

Грибы почистить, вымыть прохладной водой, посолить, поперчить и нанизать на шампуры. Шашлык жарить над углями, сбрызгивая соком, до готовности. Подавать с печеным картофелем и хлебом.

### Шашлык из вешенок

*1 кг вешенок • 5 головок репчатого лука • 1 ст. л. соли • 100 мл белого сухого вина.*

Грибы почистить, вымыть прохладной водой и отварить в подсоленной воде в течение 15 минут. Лук почистить и нарезать кольцами. Грибы нанизать на шампуры, чередуя с кольцами лука. Шашлык жарить над углями, сбрызгивая вином, до готовности. Подавать с пшеничным хлебом.

### Шашлык из лисичек

*500 г лисичек • 1 ч. л. соли • 1 ч. л. сахара • 1 ч. л. смеси карри • 50 мл уксуса из белого вина.*

Грибы почистить, вымыть прохладной водой и отварить в воде с солью и сахаром в течение 15 минут.

Грибы откинуть на дуршлаг и дать стечь воде. Затем лисички посыпать смесью карри, нанизать на шампуры и жарить над углями, сбрызгивая уксусом, до готовности. Шашлык подавать с тушеным репчатым луком и сметаной.

### Шашлык из зонтика пестрого

*1 кг шляпок зонтика пестрого • 2 ч. л. бальзамического уксуса • 3 головки репчатого лука • 1 ч. л. сладкого молотого перца • 1 ч. л. соли • 1 л воды.*

Грибы почистить, вымыть прохладной водой и разрезать на четыре части. Затем положить их в эмалированную кастрюлю, залить водой с уксусом, посыпать перцем, солью, добавить лук, нарезанный крупными кольцами, закрыть крышкой и поставить в прохладное место на 2,5 часа. Нанизать грибы на шампуры, чередуя с кольцами маринованного лука. Шашлык жарить над углями, сбрызгивая маринадом, до готовности. Подавать с зеленью и томатным соком.

### Шашлык из маслят

*500 г маслят • 4 головки репчатого лука • 100 мл полусухого вина • 0,5 ч. л. соли • 0,5 ч. л. смеси карри.*

Грибы почистить, снять пленку со шляпок, вымыть прохладной водой, положить в глубокую сковороду, посолить, посыпать смесью карри, залить вином и тушить на сильном огне в течение 5 минут. Затем откинуть их на дуршлаг и дать стечь жидкости. Лук почистить и нарезать тонкими кольцами. Грибы нанизать на шампуры, чередуя с кольцами лука. Шашлык жарить над углями до готовности. Подавать с печеным картофелем.

## Шашлык из вешенок и зонтика пестрого

*700 г вешенок • 500 г шляпок зонтика пестрого • 5 головок репчатого лука • 4 горошины душистого перца • 1 лавровый лист • 2 ч. л. соли • 1 зонтик семян укропа.*

Грибы почистить, вымыть прохладной водой, разрезать на три части и отварить в воде с солью, лавровым листом, перцем, семенами укропа в течение 5 минут. Лук почистить и нарезать тонкими кольцами. Грибы откинуть на дуршлаг и нанизать на шампуры, чередуя с кольцами лука. Шашлык жарить над углями до готовности. Подавать с печеными красными помидорами и печеным в кожуре картофелем.

## Шашлык из подберезовиков

*1 кг подберезовиков • 2 ч. л. соли • 5 головок репчатого лука • 1 лавровый лист*

*• 2 горошины душистого перца • 1 л воды • 1,5 ст. л. уксуса из белого вина.*

Грибы почистить, хорошо вымыть и отварить в подсоленной воде (1 ч. л. соли) в течение 3 минут. Лук почистить и нарезать кольцами. Грибы разрезать на две части, положить в эмалированную кастрюлю, посолить, залить водой с уксусом, добавить лавровый лист, перец, кольца лука, закрыть крышкой и оставить на 2 часа. Затем грибы нанизать на шампуры, чередуя с кольцами маринованного лука. Шашлык жарить над углями, сбрызгивая маринадом, до готовности. Подавать с отварной фасолью.

### Шашлык из дождевиков

*500 г крупных дождевиков • 5 головок репчатого лука • 3 красных помидора • 2 ст. л. бальзамического уксуса • 200 г майонеза • 2 ч. л. соли • 0,5 ч. л. молотого черного перца.*

Грибы почистить, вымыть в холодной воде и отварить в подсоленной воде в течение 10 минут. Лук и помидоры нарезать тонкими кольцами. Грибы натереть перцем и нанизать на шампуры, чередуя с кольцами помидоров и лука. Шашлык жарить над углями, сбрызгивая уксусом, до готовности. Готовый шашлык полить майонезом и подавать к столу.

## Шашлык из цветной капусты и помидоров

1 кочан цветной капусты • 7 красных помидоров • 2 ч. л. соли • 0,5 ч. л. смеси карри.

Капусту и помидоры хорошо вымыть. Капусту отварить в подсоленной воде в течение 5 минут. Затем кочан разделить на соцветия. Помидоры нарезать кольцами. Соцветия нанизать на шампуры, чередуя с кольцами помидоров. Шашлык жарить над углями до готовности. Готовый шашлык посыпать смесью карри и подавать к столу.

# ФОНДЮ

Слово «фондю» пришло к нам из французского языка. Fondre — плавить, таять, смешивать. Все значения этого слова применимы к этому вкусному блюду. История фондю простирается в прошлое более чем на века. Наши далекие предки придумали плавить на огне сыр и обмакивать в него кусочки хлеба. С тех давних пор это блюдо благодаря неутомимому изобретательству кулинаров стало необычайно разнообразным и многогранным. Старинные рецепты фондю подразумевают использование сыра и хлеба. Но теперь существует фантастическое разнообразие рецептов! Фондю стало необычайно популярным во многих странах мира. Как приятно принимать друзей, когда все сидят вокруг котелка с фондю и каждый обмакивает в него кусочек хлеба или мяса. При приготовлении фондю на специальную вилку накалывается кусочек хлеба, мяса, рыбы, овощей, фруктов и обмакивается в горячую сырную массу, соусы или сиропы и после непродолжительного охлаждения пробуется на вкус.

## Фондю

### Фондю из шоколада

**1-й способ**

*300 г шоколада • 50 г сгущенного молока • 15 мл коньяка • 1 яблоко • 2 груши • 0,25 ананаса.*

В посуде для фондю разогреть сгущенку, затем добавить натертый шоколад. Все это медленно перемешивать, пока не образуется однородная, тянущаяся масса. Перед употреблением добавить коньяк. Фрукты вымыть, почистить и нарезать дольками. Дольки нанизать на вилки и обмакивать в фондю.

**2-й способ**

*100 г шоколада • 20 г сгущенного молока • 5 мл коньяка • 1 ч. л. растворимого кофе • ломтики белого хлеба.*

В посуду для фондю влить сгущенное молоко, добавить натертый шоколад, кофе и коньяк и медленно разогревать, непрерывно помешивая, пока не образуется однородная масса. Ломтики белого хлеба нанизать на вилки и обмакивать в фондю.

### Фондю из молока и крахмала

*200 мл молока • 1 ст. л. крахмала • 2 ст. л. сахарной пудры • 40 г сливочного мас-*

ла • 0,25 ч. л. ванили • шоколадные вафли.

В посуду для фондю налить молоко, насыпать крахмал, сахарную пудру, ваниль, перемешать и начать медленно разогревать, непрерывно помешивая. Когда образуется однородная масса, добавить сливочное масло, натертое на мелкой терке. Фондю разогревать до тех пор, пока масло не растает. В фондю обмакивать шоколадные вафли.

### Фондю с яблоками

*3 яблока • 100 мл сливок • 100 г молочного шоколада.*

Яблоки хорошо вымыть, очистить, нарезать крупными кубиками. Сливки налить в посуду для фондю и начать разогревать. Шоколад натереть на крупной терке и добавить в сливки, непрерывно помешивать, пока не образуется однородная масса. Дольки яблок нанизать на вилки и обмакивать в фондю.

### Фондю с ананасами

*300 г ананаса свежего или консервированного • 120 мл сливок • 60 г горького шоколада • 10 мл рома.*

Сливки налить в посуду для фондю и добавить шоколад, натертый на мелкой терке. Все это медленно ра-

## Фондю

зогревать, непрерывно помешивая, пока не образуется однородная масса. Затем добавить ром. Ананас нарезать небольшими дольками, нанизать на вилки и обмакивать в фондю.

### Фондю из клубничного сиропа

*300 г клубники • 70 г сахара • 0,25 ч. л. имбиря • 200 г попкорна.*

Ягоды очистить от плодоножки, промыть холодной кипяченой водой, протереть через сито. Мякоть выложить в посуду для фондю, добавив сахар и имбирь. Эту смесь довести до кипения и кипятить 5 минут, непрерывно помешивая. Попкорн нанизывать на вилки и обмакивать в теплое фондю.

### Фондю из молока и шоколада

*50 мл молока • 100 г молочного шоколада • 0,5 ч. л. сахарной пудры • ломтики белого хлеба.*

В посуду для фондю налить молоко и начать медленно разогревать, непрерывно помешивая. Затем добавить шоколад, натертый на мелкой терке, и сахарную пудру. Фондю разогревать до тех пор, пока не образуется однородная масса. Ломтики белого хлеба нанизать на вилки и обмакивать в фондю.

Приготовление блюд на гриле, мангале, фондю и барбекю

## Фондю из молока и муки

*150 мл молока • 0,25 ч. л. ванили • 1 ст. л. муки • 1 ст. л. сахарной пудры • 30 г сливочного масла • ломтики белого батона.*

В посуду для фондю налить молоко, насыпать муку, пудру, ваниль, хорошо перемешать и начать медленно разогревать, непрерывно помешивая. Когда образуется однородная масса, добавить масло, натертое на мелкой терке, и продолжать помешивание до тех пор, пока масло не растает. Ломтики батона нанизать на вилки и обмакивать в фондю.

## Фондю с бананами

*2 банана • 200 г сахара • 50 мл воды • 50 мл ликера.*

Бананы промыть прохладной водой, очистить от кожуры, нарезать кружочками, толщиной в палец. Сахар насыпать в посуду для фондю, залить водой и ликером и варить на слабом огне до тех пор, пока не образуется сироп. Бананы нанизать на вилки и обмакивать в фондю. Подавать с кофе.

## Фондю с мандаринами

*5 мандаринов • 200 г сахара • 50 мл воды • 0,25 ч. л. ванили.*

## Фондю

Мандарины промыть, очистить от кожуры, поделить на дольки. Сахар и ваниль насыпать в посуду для фондю, залить водой и варить на слабом огне, непрерывно помешивая, пока не образуется прозрачный сироп. Дольки нанизать на вилки и обмакивать в сироп. Подавать с кофе.

### Фондю с клубникой

*500 г свежей клубники • 250 г сгущенного молока • 50 г полусладкого сливочного масла.*

Ягоды очистить от плодоножки и промыть холодной кипяченой водой. В посуду для фондю налить сгущенное молоко, положить сливочное масло и разогревать на медленном огне, помешивая до тех пор, пока не образуется однородная масса. Клубнику нанизать на вилки и обмакивать в фондю. Подавать с горячим кофе.

### Фондю с черешней

*150 г черешни • 150 г сгущенного молока • 30 г полусладкого сливочного масла • 10 мл коньяка.*

Ягоды очистить от косточек, промыть холодной кипяченой водой. В посуду для фондю налить сгущенное молоко, положить сливочное масло и разогревать на медленном огне, помешивая до тех пор, пока

Приготовление блюд на гриле, мангале, фондю и барбекю

не образуется однородная масса. Затем влить коньяк и еще раз хорошо перемешать. Ягоды нанизать на вилки и обмакивать в фондю. Подавать с горячим какао.

### Фондю с попкорном

*500 г свежей вишни • 0,25 ч. л. корицы • 100 г сахара • 200 г попкорна.*

Вишню вымыть холодной водой и залить кипятком на 2 минуты. Затем вишню откинуть на дуршлаг и дать стечь воде. Ягоды протереть через сито и полученную мякоть выложить в посуду для фондю, добавив сахар и корицу. Эту смесь довести до кипения и кипятить 5 минут, непрерывно помешивая. Попкорн нанизывать на вилки и обмакивать в теплое фондю.

### Фондю с крекерами

*100 г крекера с луком • 1 зубчик чеснока • 100 мл сухого белого вина • 400 г твердого сыра • 0,25 ч. л. молотого черного перца.*

Посуду для фондю натереть долькой чеснока, влить вино и добавить сыр, натертый на крупной терке, медленно разогревать, непрерывно помешивая. Когда сыр расплавится, добавить перец. Крекер обмакивать в фондю. Подавать с кофе.

Вкусные штучки

Фондю

## Фондю с черносливом

*300 г чернослива • 50 мл коньяка • 400 г твердого сыра.*

Чернослив промыть, залить горячей водой до размягчения, освободить от косточек. Сыр натереть на крупной терке и положить в посуду для фондю, влить коньяк. Разогревать, непрерывно помешивая. Чернослив нанизать на вилки и обмакивать в фондю.

## Фондю с бисквитом

*100 мл вишневого сока • 1 ч. л. миндаля • 0,5 ч. л. молотой корицы • 1 ст. л. сахара • 200 г бисквита.*

В посуду для фондю влить вишневый сок, добавить растертые орехи миндаля, корицу, сахар. Все это медленно разогревать, периодически помешивая. Бисквит нарезать на небольшие кусочки, нанизать на вилки и обмакивать в фондю.

## Фондю с вафельными трубочками

*10 вафельных трубочек небольшого размера • 100 г твердого шоколада • 100 г сгущенного молока.*

В посуду для фондю налить сгущенное молоко и начать разогревать. Шоколад натереть на терке и всыпать в молоко. Фондю периодически помешивать, пока не образуется однородная масса. Трубочки нанизать на вилки и обмакивать в фондю. Подавать с какао.

### Фондю с кукурузными палочками

*100 г сладких кукурузных палочек • 150 г сгущенного молока • 0,25 ч. л. ванили • 20 г сливочного масла.*

В посуду для фондю налить сгущенное молоко и начать разогревать, затем добавить масло, натертое на терке, и ваниль. Все ингредиенты хорошо перемешать и разогревать до тех пор, пока не образуется однородная масса. Кукурузные палочки нанизать на вилки и обмакивать в теплое фондю. Подавать с кофе или какао.

### Фондю с оливками

*200 г сыра • 0,25 ч. л. смеси карри • 100 г оливок без косточек.*

Сыр натереть на мелкой терке, высыпать в посуду для фондю и разогревать. Когда сыр начнет плавиться, добавить смесь карри и хорошо перемешать. Оливки нанизать на вилки и обмакивать в фондю.

### Фондю из сыра

*1 зубчик чеснока • 300 мл сухого белого вина • 400 г твердого сыра • 0,25 ч. л.*

## Фондю

*молотого черного перца • белый хлеб • 100 мл виноградной воды (темные, сладкие сорта винограда).*

В посуду для фондю влить вино, добавить сыр и чеснок, натертые на крупной терке, и медленно разогревать, непрерывно помешивая деревянной лопаточкой. Когда сыр расплавится, добавить виноградную воду и перец. Кусочки белого хлеба нанизать на вилки и обмакивать в теплое фондю. Подавать со сладким чаем.

### Фондю из пикантного сыра

*300 г сыра с плесенью • 150 мл белого сухого вина • 1 зубчик чеснока • белый хлеб.*

Посуду для фондю натереть чесноком, влить вино и добавить сыр, натертый на крупной терке, медленно разогревать, непрерывно помешивая деревянной лопаточкой. Когда сыр расплавится, кусочки белого хлеба, нанизанные на вилки, погрузить в фондю. Подавать с горячим кофе.

### Фондю с ветчиной

*300 г твердого сыра • 200 мл белого сухого вина • 150 г ветчины • 1 веточка базилика • ломтики белого и черного хлеба.*

В посуду для фондю влить вино и добавить крупно натертый сыр, медленно разогревать, непрерывно помешивая. В расплавленный сыр добавить мелко нарезанную ветчину и базилик. Ломтики белого и черного хлеба нанизать на вилки и обмакивать в фондю. Подавать с кофе.

### Фондю с сыром трех видов

*100 г сыра с плесенью • 70 г плавленого сыра • 120 г твердого сыра • 150 мл белого сухого вина • 200 г ветчины.*

В посуду для фондю влить вино, добавить три вида сыра, натертых на крупной терке и начать медленно разогревать, периодически помешивая, пока сыр не расплавится. Ветчину нарезать небольшими ломтиками, нанизывать на вилки и обмакивать в фондю. Подавать к фондю чай с лимоном.

### Фондю с пивом

*500 г сыра • 200 мл пива (желательно светлого) • 0,2 ч. л. красного молотого перца • ломтики белого хлеба.*

В посуду для фондю влить пиво, добавить сыр, натертый на крупной терке, и перец, медленно разогревать, непрерывно помешивая, до тех пор, пока сыр не расплавится. Ломтики белого хлеба нанизать на вилки и обмакивать в фондю.

# Фондю

## Фондю с филе говядины

*100 г филе говядины • 250 г сливочного масла.*

Сливочное масло натереть на крупной терке, высыпать в посуду для фондю и довести до кипения. Филе промыть, нарезать кусочками по 5 г, нанизать на вилки и жарить в горячем масле до готовности. Подавать с белым хлебом и соусом из белого вина.

## Фондю с сосисками

**1-й способ**

*7 сосисок • 1 зубчик чеснока • 300 мл сухого белого вина • 300 г твердого сыра.*

Посуду для фондю натереть долькой чеснока, влить вино и добавить сыр, натертый на крупной терке, медленно разогревать, непрерывно помешивая. Сосиски разрезать на четыре части и нанизать на вилки, жарить в расплавленном сыре до готовности. Подавать с белым хлебом и кофе.

**2-й способ**

*200 мл оливкового масла • 0,25 ч. л. перца паприка • 5 сосисок.*

В посуду для фондю налить масло, насыпать перец, все хорошо перемешать и разогревать, периодически

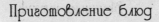
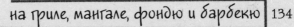

помешивая, пока масло не закипит. Сосиски разрезать на четыре части, нанизать на вилки и жарить в кипящем фондю 4–5 минут.

### Фондю с потрошками

*300 г потрошков • 500 г красных спелых помидоров • 2 зубчика чеснока • 0,5 ч. л. перца паприка • 0,25 ч. л. черного молотого перца • 50 г сливочного масла • 2 ч. л. соли.*

Потрошки хорошо промыть водой, отварить в подсоленной воде до готовности. Помидоры также хорошо промыть прохладной водой, очистить от кожицы, протереть через сито и положить в посуду для фондю, туда же добавить чеснок, пропущенный через чесночницу, перец паприка, перец черный и сливочное масло. Все хорошо перемешать и варить на медленном огне, непрерывно помешивая, до готовности. Затем потрошки нанизать на вилки и обмакивать в фондю. Подавать с гренками из белого хлеба.

### Фондю со свиными сардельками

*3 свиных сардельки • 100 мл растительного масла • 1 лайм • 1 ч. л. столовой горчицы • 1 пучок петрушки • 0,5 ч. л. соли.*

Сардельки отварить и нарезать кружочками. В посуду для фондю налить растительное масло, сок, выжатый из лайма, горчицу, соль, мелко нарубленную зелень петрушки. Все хорошо перемешать и разогревать на медленном огне. Кружочки сарделек нанизывать на вилки и обмакивать в фондю. Подавать с ржаным хлебом.

### Фондю с цветной капустой

*200 мл подсолнечного масла • 0,25 ч. л. соли • 0,25 ч. л. перца паприка • 1 маленький кочан цветной капусты.*

В посуду для фондю налить масло и начать разогревать. Затем к маслу добавить соль и перец. Капусту отварить в подсоленной воде в течение 5 минут. Затем достать ее из воды, обсушить и разделить на соцветия. Соцветия нанизать на вилки и жарить в кипящем фондю 2 минуты. Подавать с томатным соком.

### Фондю с маслятами

*500 г молодых маслят • 2 ч. л. соли • 300 г жирных сливок • 0,25 ч. л. черного молотого перца.*

Грибы хорошо промыть прохладной водой, шляпки отделить от ножек и очистить от пленки, отварить в подсоленной воде в течение 20 минут, откинуть на дуршлаг и промыть холодной кипяченой водой. Сливки налить в посуду для фондю, добавить перец и довести до кипения. Шляпки нанизать на вилки и жарить в горячих сливках минуту. Подавать с ломтиками белого батона.

### Фондю с лисичками

*100 г лисичек • 150 мл сливок • 0,25 ч. л. черного молотого перца • 0,25 ч. л. соли • щепотка укропа • 50 г сливочного масла.*

Грибы хорошо промыть холодной водой. Сливочное масло растопить на сковороде и обжарить в нем грибы в течение 12–15 минут. Сливки налить в посуду для фондю, добавить перец, соль, укроп. Нагревать на медленном огне, постоянно помешивая. Грибы нанизать на вилки и обмакивать в фондю. Подавать с белым хлебом.

### Фондю с грибными мини-пельмешками

*300 г сливочного масла • 500 г шампиньонов • 400 г муки • 150 мл воды • 1 яйцо • 2 ч. л. соли.*

Муку насыпать в эмалированную посуду, добавить яйцо, воду, 0,5 ч. л. соли и замесить тесто. Готовое тесто завернуть в пищевую пленку и оставить на 15–20 минут. Грибы хорошо промыть холодной водой, отварить в подсоленной воде (0,5 ч. л. соли) в течение 15 минут, откинуть на дуршлаг и дать стечь воде. Затем грибы прокрутить через мясорубку, добавить 1 ч. л. соли и хорошо перемешать. Тесто раскатать в форме маленьких кружочков. На каждый сочень положить фарш и защипать края. Сливочное масло растопить в посуде для фондю и довести до кипения. Пельмешки нанизывать на вилки и жарить в кипящем масле 4–5 минут.

## *Фондю с филе морского языка*

*100 г филе морского языка • 2 лайма • 0,5 ч. л. соли • 10 г сливочного масла.*

Филе нарезать кусочками по 10 г и залить маринадом на 15 минут (маринад: сок, выжатый из лаймов, соль). Затем в посуду для фондю положить масло. Масло разогреть и опустить в него маринованные кусочки филе, нанизанные на вилки. Жарить до готовности. Подавать к столу с салатом из овощей и зеленью.

## *Фондю с кальмарами*

*300 г кальмаров • 0,2 ч. л. красного молотого перца • 0,25 ч. л. соли • 200 г сливочного масла • 50 мл красного сухого вина • ржаной хлеб.*

Кальмары промыть прохладной водой, очистить от пленки, нарезать кусочками длиной 7–10 см и залить маринадом на 10 минут (маринад: перец, соль, вино). Сливочное масло натереть на крупной терке, высыпать в посуду для фондю и разогревать. Кусочки кальмаров нанизать на вилки и жарить в горячем масле до готовности. Подавать с салатом из цветной капусты и ржаным хлебом.

## Фондю с крабовыми палочками

*100 г крабовых палочек среднего размера • 50 г сливочного масла.*

Масло натереть на мелкой терке, высыпать в посуду для фондю и разогреть. Крабовые палочки нанизать на вилки для фондю и жарить в горячем масле. Подавать к столу с белым соусом.

## Фондю с морскими гребешками

*100 г морских гребешков • 0,2 ч. л. соли • 1 лимон • 0,2 ч. л. красного молотого перца • 100 г сливочного масла.*

Морские гребешки залить маринадом на 10 минут (для маринада: соль, перец, сок, выжатый из лимона). Масло нарезать кубиками и разогреть в посуде для фондю. Затем гребешки нанизать на вилки и жарить в горячем масле до готовности. Подавать с коричневым отварным рисом и соусом из твердого сыра.

## Фондю с креветками

*200 г креветок • 100 мл оливкового масла • 1 головка репчатого лука • 100 мл*

## Фондю

*белого сухого вина • 0,25 ч. л. соли • 0,2 ч. л. имбиря.*

Креветки промыть прохладной водой и замариновать на 20 минут (для маринада: вино, соль, имбирь, лук, мелко нашинкованный). Масло налить в посуду для фондю и разогреть. Креветки нанизать на вилки и жарить в разогретом масле до готовности. Подавать с зеленью.

### Фондю с раковыми шейками

*100 г раковых шеек • 200 г сливок • 50 г сливочного масла • 1 ч. л. соли • 0,25 ч. л. молотого мускатного ореха.*

Раковые шейки промыть прохладной водой и отварить в подсоленной воде в течение 10 минут. В посуду для фондю налить сливки, положить масло и мускатный орех. Разогревать на медленном огне, помешивая до тех пор, пока не образуется однородная масса. Раковые шейки нанизать на вилки и обмакивать в фондю. Подавать с гренками из белого хлеба.

# БАРБЕКЮ

Жарка на решетке над горячими древесными углями — древнейший способ приготовления пищи, он существует с тех самых времен, когда люди научились добывать огонь. В настоящее время современная кухонная техника позволяет с помощью электрических приборов жарить на решетке и в закрытом помещении. Но истинные ценители барбекю предпочитают природное окружение на свежем воздухе, настоящие горящие угли и запах дымка! Блюда, приготовленные на барбекю, имеют определенные преимущества. Интенсивное тепловое излучение способствует закрыванию всех пор на приготавливаемых продуктах в самом начале готовки, при этом продукты сохраняют свой сок, аромат и питательные вещества. На барбекю можно готовить разнообразные продукты. При этом приготавливаемые продукты можно укладывать непосредственно на решетку или крышку, но в некоторых случаях на решетку лучше положить алюминиевую фольгу, а уже сверху продукты.

Вкусные штучки

Барбекю

### Помидоры с сыром

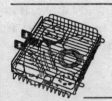 *10 красных помидоров среднего размера • 50 г сливочного масла • 100 г плавленого сыра • 1 пучок зелени петрушки • 0,25 ч. л. черного молотого перца • алюминиевая фольга.*

Помидоры помыть прохладной водой, надрезать сверху. Сыр разделить на 10 частей. В каждый надрез, сделанный в помидорах, положить кусочек сыра. Затем помидоры посыпать петрушкой, маслом, натертым на мелкой терке, и перцем. На крышку барбекю положить алюминиевую фольгу. Фаршированные помидоры жарить на фольге 5 минут. Подавать с ломтиками белого хлеба.

### Помидоры, фаршированные креветками

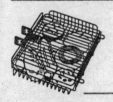 *5 крупных красных помидоров среднего размера • 100 г очищенных креветок • 50 г сыра с плесенью • 0,25 ч. л. соли • 0,25 ч. л. сладкого молотого перца • алюминиевая фольга.*

Креветки и помидоры вымыть прохладной водой. Креветки отварить в кипящей подсоленной воде в течение 2 минут. В каждом помидоре сделать углубления при помощи ложки. Креветки прокрутить через мясорубку и смешать с перцем. Полученным фаршем заполнить углубления, сделанные в помидорах. Каждый в отдельности фаршированный помидор завернуть в алюминиевую фольгу и жарить на крышке барбекю 4 минуты. Готовые помидоры освободить от фольги и выложить на блюдо. Сыр натереть на мелкой терке и обсыпать им помидоры. Подавать к столу с коричневым отварным рисом.

## Груши с вареньем из красной смородины

*3 груши • 100 г варенья из красной смородины • 30 мл оливкового масла • алюминиевая фольга.*

Груши вымыть, удалить сердцевины и нарезать дольками. Алюминиевую фольгу смазать маслом, уложить на нее дольки груш и завернуть. Жарить на крышке барбекю 10 минут. Груши освободить от фольги, выложить на блюдо и полить вареньем. Это блюдо подавать охлажденным с зеленым чаем.

## Яблоки с морковью и орехами

*4 крупных яблока зимнего сорта • 1 морковь • 0,5 стакана очищенных грецких орехов • 2 ст. л. меда • 70 мл оливкового масла • алюминиевая фольга.*

Яблоки вымыть и удалить сердцевину. Морковь вымыть, почистить, натереть на крупной терке, сбрызнуть маслом и обжарить на крышке барбекю в течение 3 минут. Орехи измельчить и соединить с морковью.

Полученным фаршем заполнить яблоки. Яблоки облить маслом и каждое в отдельности завернуть в алюминиевую фольгу. Жарить на крышке барбекю 20 минут. Готовые яблоки освободить от фольги, выложить на блюдо и полить медом.

### Яблоки и груши с медом

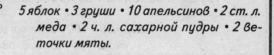

*5 яблок • 3 груши • 10 апельсинов • 2 ст. л. меда • 2 ч. л. сахарной пудры • 2 веточки мяты.*

Яблоки и груши помыть прохладной водой, удалить сердцевину, нарезать ломтиками и замариновать на 20 минут (маринад: сок, выжатый из апельсинов, мед). Затем ломтики разложить на решетку барбекю и жарить до готовности, периодически переворачивая. Готовые дольки яблок и груш выложить на блюдо, посыпать сахарной пудрой и листьями мяты. Подавать с апельсиновым соком.

### Яблоки с ликером и сахаром

*3 крупных бордовых яблока • 50 г сахара • 50 мл ликера • 70 мл растительного масла.*

Яблоки промыть прохладной водой, очистить от кожицы и сердцевины, нарезать дольками, толщиной в палец, положить на тарелку, посыпать сахаром, полить ликером и оставить на 20 минут. Затем каждую дольку обмакнуть в масло и жарить на крышке барбекю 3 минуты, переворачивая. Подавать с горячим чаем.

### Яблоки со свеклой и изюмом

*3 бордовых яблока • 50 г отварной свеклы • 50 г изюма без косточек • 2 ст. л. меда • 30 мл оливкового масла • алюминиевая фольга.*

Яблоки хорошо вымыть, удалить сердцевину. Свеклу натереть на крупной терке. Изюм промыть теплой водой. Яблоки наполнить изюмом и свеклой, облить маслом и завернуть в алюминиевую фольгу каждое яблоко в отдельности. Жарить на крышке барбекю 15 минут. Яблоки освободить от фольги, выложить на блюдо и полить медом.

### Яблоки, фаршированные шампиньонами

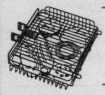

*3 больших яблока зеленого сорта • 200 г шампиньонов • 2 зубчика чеснока • 50 мл оливкового масла • 1 пучок укропа • алюминиевая фольга.*

Яблоки вымыть, обсушить и удалить сердцевину. Грибы вымыть прохладной водой и отварить в подсоленной воде 5 минут. Затем откинуть их на дуршлаг и дать стечь воде. Чеснок и грибы мелко нашинковать. Полученным фаршем наполнить яблоки. Яблоки облить маслом и каждое в отдельности завернуть в алюминиевую фольгу. Жарить на крышке барбекю 20 минут. Готовые фаршированные яблоки освободить от фольги и выложить на блюдо. Подавать охлажденными.

### Абрикосы с земляникой

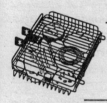

*10 крупных абрикосов • 1 стакан свежих ягод земляники • 100 г сливочного масла • 0,5 стакана сахарной пудры • алюминиевая фольга.*

Абрикосы вымыть прохладной водой, удалить косточки и в углубления положить землянику. Абрикосы с начинкой уложить на смазанную маслом алюминиевую фольгу и хорошо завернуть. Жарить на крышке барбекю 12 минут. Готовые абрикосы освободить от фольги, выложить на блюдо и посыпать сахарной пудрой. Подавать охлажденными со сладким кофе.

### Ананас под горячим шоколадом

*1 ананас • 1 плитка шоколада • 100 г сливочного масла • конверт из алюминиевой фольги.*

Ананас очистить от кожуры, вымыть прохладной водой и нарезать дольками. Конверт из алюминиевой фольги смазать маслом с внутренней стороны. Дольки ананаса упаковать в конверт и жарить на крышке барбекю 10 минут. Дольки освободить от фольги и выложить на блюдо. Шоколад растопить и облить им ананасы. Подавать с белым сухим вином.

### Пикантные цуккини

*300 г молодых цуккини • 0,5 ч. л. куркумы • 0,5 ч. л. соли • 100 г муки • 70 мл подсолнечного масла.*

Цуккини промыть холодной водой, нарезать кружочками, толщиной в палец, натереть солью и куркумой, обвалять в муке и жарить на решетке барбекю до румяной корочки, периодически сбрызгивая маслом и переворачивая. Подавать с соком из моркови и яблок.

### Спаржа под чесночным соусом

*300 г спаржи • 0,5 ч. л. соли • 1 ч. л. сладкого молотого перца • 50 г оливкового масла • 70 г чесночного соуса • конверт из алюминиевой фольги.*

Зеленые побеги спаржи вымыть и отварить в подсоленной воде до полуготовности. Спаржу достать из воды, обсушить, посыпать сладким перцем, полить маслом и завернуть в конверт из алюминиевой фольги. Жарить на крышке барбекю 10 минут со всех сторон. Спаржу освободить от фольги, выложить на блюдо и полить чесночным соусом.

# Барбекю

## Земляная груша

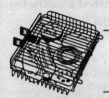

*5 земляных груш • 50 г сливочного масла • 1 пучок петрушки • 100 г сметаны • алюминиевая фольга.*

Груши хорошо вымыть, почистить, разрезать на две части и завернуть в смазанную маслом алюминиевую фольгу. Жарить на крышке барбекю 20 минут, переворачивая. Грушу освободить от фольги, выложить на блюдо, посыпать мелко нашинкованной зеленью и облить сметаной.

## Цветная капуста

*1 кочан цветной капусты, весом 800 г • 1 ч. л. соли • 1 ч. л. перца паприка • 70 мл оливкового масла • 100 мл томатного соуса.*

Цветную капусту хорошо промыть прохладной водой, поделить на соцветия. Каждое соцветие натереть солью и перцем, обмакнуть в оливковое масло и жарить на решетке барбекю до готовности. Подавать к столу с томатным соусом.

## Фаршированный лук

*5 крупных головок репчатого лука • 200 г мясного фарша • 0,5 ч. л. соли • 0,25 ч. л. черного молотого перца • 5 горошин*

душистого перца • 100 г сливочного масла • алюминиевая фольга.

Лук почистить, вымыть прохладной водой и удалить сердцевину. Фарш посолить, поперчить и обжарить. Заполнить фаршем углубления в луке. В каждый фаршированный лук положить по одной горошине душистого перца. Каждый в отдельности фаршированный лук положить на алюминиевую фольгу, хорошо смазать маслом и завернуть. Жарить на крышке барбекю 15–18 минут. Готовый лук освободить от фольги и выложить на блюдо. Подавать с ломтиками белого хлеба.

### Картофельные ломтики

*4 крупные картофелины • 1 ч. л. соли • 0,25 ч. л. имбиря • 50 мл подсолнечного масла.*

Картофель хорошо промыть, очистить от кожуры, нарезать ломтиками толщиной в палец, натереть солью, имбирем, хорошо облить маслом и жарить на решетке барбекю с двух сторон до готовности. Подавать со сметаной.

### Тыква с медом

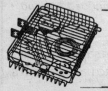

*300 г тыквы • 1 ст. л. меда • 1 ч. л. соли • 100 г изюма без косточек • 1 веточка мяты • 30 мл оливкового масла • алюминиевая фольга.*

## Барбекю

Тыкву нарезать кусочками по 30–40 г, отварить в подсоленной воде с мятой в течение 10 минут, откинуть на дуршлаг и дать стечь воде. Затем кусочки тыквы обмазать маслом, завернуть в алюминиевую фольгу и жарить на решетке барбекю в течение 10 минут. Потом тыкву освободить от фольги, выложить на блюдо и каждый кусочек облить медом и украсить изюмом.

### Персики с корицей и черешней

*5 крупных персиков • 10 черешен • 0,25 ч. л. корицы • 50 г сливочного масла • алюминиевая фольга.*

Персики вымыть прохладной водой и удалить косточки. В углубления положить по 2 черешни без косточек и посыпать корицей. Приготовить 5 листов алюминиевой фольги и смазать их маслом. Персики завернуть в алюминиевую фольгу и жарить на крышке барбекю 10 минут. Готовые персики освободить от фольги и выложить на блюдо. Подавать охлажденными с горячим шоколадом.

### Айва с инжиром

*3 айвы • 100 г инжира • 50 мл оливкового масла • 50 мл фруктового сиропа • алюминиевая фольга.*

Айву вымыть, удалить сердцевину и отварить в кипящей воде в течение 10 минут. Инжир мелко нашинковать

## Приготовление блюд на гриле, мангале, фондю и барбекю

и уложить в углубления айвы. Каждую в отдельности айву уложить на алюминиевую фольгу, облить маслом и завернуть. Жарить на крышке барбекю 12 минут. Готовую айву освободить от фольги, выложить на блюдо и облить фруктовым сиропом.

### Перец с курицей

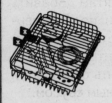

*5 красных сладких перцев среднего размера • 1 головка репчатого лука • 1 ч. л. соли • 0,5 ч. л. эстрагона • 200 г отварного куриного мяса • 1 пучок укропа • 30 мл подсолнечного масла • алюминиевая фольга.*

Перец вымыть прохладной водой и очистить от семян. Отварное куриное мясо пропустить через мясорубку. Лук мелко нашинковать и соединить с мясом, добавить соль, эстрагон и хорошо перемешать. Полученным фаршем наполнить перцы. Каждый фаршированный перец в отдельности облить маслом, завернуть в алюминиевую фольгу и жарить на крышке барбекю 10 минут. Перец освободить от фольги, выложить на блюдо и посыпать мелко нашинкованной зеленью укропа. Подавать с фруктовым соком и булочками с тмином.

### Перец, фаршированный морепродуктами

*50 г мяса мидий • 50 г мяса осьминога • 50 г мяса морских гребешков • 100 г очищенных креветок • 5 красных слад-*

ких перцев • *1 ч. л. соли* • *0,25 ч. л. сладкого молотого перца* • *алюминиевая фольга.*

Морепродукты и перец вымыть прохладной водой. Морепродукты отварить в кипящей подсоленной воде в течение 2 минут. Перец очистить от семян. Морепродукты откинуть на дуршлаг, дать стечь воде и прокрутить через мясорубку. К морепродуктам добавить сладкий перец и полученным фаршем наполнить перцы. Каждый фаршированный перец в отдельности завернуть в алюминиевую фольгу и жарить на решетке барбекю 3–4 минуты. Перец освободить от фольги и выложить на блюдо. Подавать с томатным соусом.

### Перец с гусятиной

*5 красных сладких перцев среднего размера* • *1 головка репчатого лука* • *1 ч. л. соли* • *1 ч. л. смеси карри* • *200 г отварного мяса гуся* • *1 пучок петрушки* • *алюминиевая фольга.*

Перец вымыть прохладной водой и очистить от семян. Мясо гуся пропустить через мясорубку. Лук мелко нашинковать и соединить с мясом, добавить соль, смесь карри и все хорошо перемешать. Полученным фаршем наполнить перцы. Каждый фаршированный перец в отдельности завернуть в алюминиевую фольгу и жарить на крышке барбекю 10 минут. Перец освободить от фольги, выложить на блюдо и посыпать мелко нашинкованной зеленью петрушки. Подавать к столу с красным сухим вином и ломтиками белого хлеба.

### Перец, фаршированный уткой

*5 желтых сладких перцев среднего размера • 1 головка репчатого лука • 1 ч. л. соли • 0,5 ч. л. майорана • 200 г отварного мяса утки • алюминиевая фольга.*

Перец вымыть прохладной водой и очистить от семян. Мясо утки и лук пропустить через мясорубку, посолить, посыпать майораном и хорошо перемешать. Полученным фаршем наполнить перцы. Каждый фаршированный перец в отдельности завернуть в алюминиевую фольгу. Жарить на крышке барбекю 8–10 минут. Подавать с белым сухим вином и гренками из белого хлеба.

### Красный сладкий перец

*5 красных сладких перцев • алюминиевая фольга.*

Перец промыть холодной водой и очистить от семян, завернуть в алюминиевую фольгу, каждый по отдельности. Жарить на решетке барбекю 5 минут. Готовый перец освободить от фольги, выложить на блюдо и подавать с рулетами из семги.

## Барбекю

### Сладкий перец, фаршированный шампиньонами

5 сладких красных перцев среднего размера • 500 г шампиньонов • 1 ч. л. соли • 70 мл оливкового масла • 2 головки репчатого лука • 2 зубчика чеснока • 100 г сметаны • 5 конвертов из алюминиевой фольги.

Перец вымыть прохладной водой и очистить от семян. Лук почистить и мелко нашинковать. Грибы вымыть, нарезать кубиками, посолить и обжарить с луком на масле в течение 5 минут. Чеснок пропустить через чесночницу. Грибы с луком соединить с чесноком. Приготовленным фаршем заполнить перцы. Фаршированные перцы облить маслом и каждый в отдельности упаковать в конверт из алюминиевой фольги. Жарить на крышке барбекю, периодически переворачивая, 15 минут. Перец освободить от фольги, выложить на блюдо, полить сметаной и подавать к столу.

### Спаржевая фасоль

300 г спаржевой фасоли • 2 ч. л. соли • 0,25 ч. л. смеси карри • 50 мл томатного соуса • 50 мл подсолнечного масла.

Фасоль вымыть прохладной водой и отварить в подсоленной кипящей воде в течение 3 минут. Фасоль откинуть на дуршлаг и дать стечь воде. Фасоль сбрызнуть подсолнечным маслом и обжарить на крышке барбекю

2 минуты. Спаржевую фасоль выложить на блюдо, посыпать смесью карри и полить томатным соусом.

## Баклажаны с чесноком

*3 крупных баклажана • 3 зубчика чеснока • 0,5 ч. л. имбиря • 1 ч. л. соли • 50 мл подсолнечного масла • 1 пучок петрушки.*

Баклажаны хорошо промыть, разрезать вдоль, натереть солью и положить под пресс на 30 минут. Затем со стороны мякоти сделать надрезы и начинить мелко нарубленным чесноком и имбирем. Жарить на решетке барбекю, периодически смазывая маслом. Готовые баклажаны посыпать мелко нарубленной зеленью петрушки и подавать к столу.

## Гренки с овощами

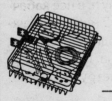

*5 ломтиков белого батона • 1 морковь • 1 маленькая редька • 1 пучок укропа • 1 ч. л. соли • 0,5 ч. л. смеси карри • 100 мл оливкового масла • конверт из алюминиевой фольги.*

Батон посыпать смесью карри, полить маслом и обжарить со всех сторон на решетке барбекю в течение минуты. Ломтики выложить на блюдо. Морковь, редьку почистить, вымыть и натереть на крупной терке. Укроп мелко нашинковать и соединить с морковью и редькой. Фарш посолить, полить маслом и упаковать в конверт из алюминиевой фольги. Жарить на крышке барбекю 10 минут, периодически переворачивая. Фарш освободить от фольги и выложить на ломтики батона. Подавать с горячим чаем.

### Гренки с кабачками

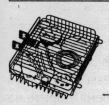

*7 ломтиков белого батона • 1 молодой кабачок • 3 зубчика чеснока • 0,25 ч. л. соли • 0,25 ч. л. смеси карри • 100 мл кукурузного масла • 1 пучок петрушки • алюминиевая фольга.*

Гренки посыпать смесью карри, облить маслом и обжарить на решетке барбекю минуту с двух сторон. Кабачок вымыть и нарезать тонкими полукольцами. Чеснок мелко нашинковать. Кабачки смешать с чесноком, солью и оставить на 15 минут. Кабачки откинуть на дуршлаг и дать стечь соку. Алюминиевую фольгу с одной стороны смазать маслом, завернуть в нее кабачки и жарить на решетке барбекю по 2, 5 минуты с каждой стороны. Готовые кабачки освободить от фольги, остудить и выложить на ломтики батона. Гренки посыпать мелко нашинкованной зеленью петрушки. Подавать к столу с горячим кофе.

### Фаршированные кабачки

*3 молодых кабачка (желательно цуккини) • 300 г грибов шампиньонов • 1 ч. л.*

соли • *1 пучок укропа* • *3 зубчика чеснока* • *0,25 ч. л. черного молотого перца* • *2 головки репчатого лука.*

Кабачки хорошо вымыть, каждый разрезать вдоль на две части, освободить от семечек, натереть солью и чесноком, пропущенным через чесночницу, с внутренней и наружной сторон и оставить на 15 минут. Грибы хорошо промыть холодной водой и отварить в подсоленной воде в течение 10 минут, откинуть на дуршлаг и дать стечь воде. Затем грибы прокрутить через мясорубку, заправить мелко нашинкованным луком, перцем. В углубления, сделанные в кабачках, положить грибной фарш. Жарить на решетке барбекю в течение 10–15 минут. Готовые кабачки выложить на блюдо, посыпать мелко нарубленной зеленью укропа. Подавать с майонезом.

### *Фаршированный картофель*

*3 крупные картофелины* • *2 головки репчатого лука* • *1,5 ч. л. соли* • *0,25 ч. л. черного молотого перца* • *50 г сливочного масла* • *400 г грибов (опят или лисичек)* • *алюминиевая фольга.*

Грибы хорошо промыть холодной водой, отварить в подсоленной воде в течение 15 минут, откинуть на дуршлаг, дать стечь воде. Затем грибы прокрутить через мясорубку. Сливочное масло растопить на сковороде и в нем обжарить грибы с мелко нашинкованным луком в течение 10 минут. Грибной фарш выложить в глубокую тарелку, заправить перцем и все хорошо перемешать. Картофель хорошо промыть, очистить от кожуры, разрезать поперек на две части. В каждой части сделать углубление. Картофель с внутренней и наружной сторон натереть солью, в углубления положить грибной фарш. Фаршированный картофель уложить фаршем вверх на один лист алюминиевой фольги и завернуть. Жарить на решетке барбекю 20 минут. Готовый картофель выложить на блюдо, посыпать мелко нарубленной зеленью. Подавать с белым хлебом и сыром.

## Чудо-картофель

*5 картофелин среднего размера • 0,5 ч. л. соли • 30 г сливочного масла • томатный сок.*

Картофель хорошо промыть, разрезать вдоль на две части, натереть солью с двух сторон и оставить на 5 минут. Затем положить на решетку барбекю и жарить в течение 10–15 минут, периодически переворачивая. Готовый картофель выложить на блюдо и смазать сливочным маслом. Подавать с томатным соком.

## Овощи в рисовой бумаге

*1 головка репчатого лука • 3 красных сладких перца • 2 желтых сладких перца • 0,5 ч. л. соли • 3 красных поми-*

дора • 0,5 ч. л. смеси карри • 3 листа рисовой бумаги • 30 мл оливкового масла • 70 мл томатного соуса.

Овощи вымыть прохладной водой, почистить, нарезать мелкими кубиками, посолить, посыпать смесью карри, облить маслом и обжарить на крышке барбекю в течение 5 минут, постоянно помешивая. Приготовленные овощи разделить на три части, полить томатным соусом и завернуть в рисовую бумагу. Подавать с томатным соком.

## *Филе судака*

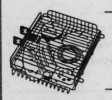

500 г филе судака • 2 веточки мяты • 3 веточки петрушки • 1 веточка укропа • 5 зубчиков чеснока • 50 мл растительного масла • 1 ч. л. соли.

Филе судака хорошо промыть холодной водой, натереть солью, мелко нарубленной зеленью (петрушка, мята, укроп) и мелко нарубленным чесноком, сбрызнуть маслом и жарить на крышке барбекю до готовности. Подавать с печеным картофелем.

## *Путассу со сливочным маслом*

5 крупных путассу • 1 ст. л. уксуса из красного винограда • 400 мл охлажденной кипяченой воды • 0,5 ч. л. соли

• 0,25 ч. л. красного молотого перца •
40 г сливочного масла.

Рыбу почистить, хорошо промыть прохладной водой, положить в эмалированную кастрюлю, посолить, поперчить, залить водой с уксусом, закрыть крышкой и поставить в прохладное место на час. Затем достать рыбу из маринада, обсушить, смазать маслом со всех сторон и жарить на решетке барбекю по 7 минут с каждой стороны. Подавать к столу с печеными яблоками.

## Палтус в молоке

1 кг палтуса • 500 мл молока • 2 ч. л. соли
• 0,5 ч. л. черного молотого перца •
100 г оливкового майонеза • алюминиевая фольга.

Рыбу почистить, хорошо промыть, нарезать кусочками по 50 г, сложить в эмалированную кастрюлю, залить молоком, закрыть крышкой и поставить в холодильник на 5 часов. Рыбу выложить в дуршлаг и дать стечь молоку. Затем каждый кусочек натереть солью, перцем, завернуть в алюминиевую фольгу и жарить на крышке барбекю 30 минут. Готовую рыбу освободить от фольги, выложить на блюдо и полить майонезом. Подавать к столу с зеленью и отварным картофелем.

## Рулетики из семги

*300 г филе семги • 100 г оливок • 1 лайм • 0,5 ч. л. соли • 30 мл оливкового масла • деревянные палочки.*

Филе промыть холодной водой, нарезать пластинками по 50 г, натереть солью, сбрызнуть соком, выжатым из лайма. Каждый ломтик начинить оливками, скрепить деревянной палочкой и смазать маслом. Жарить на решетке барбекю до готовности. Подавать с печеным красным сладким перцем.

## Рулетики из сельди

*300 г филе сельди • 30 г сливочного масла • 5 оливок без косточек • 1 лимон • 1 пучок петрушки • деревянные палочки • алюминиевая фольга.*

Филе вымыть прохладной водой, нарезать тонкими пластинками по 60–70 г и сбрызнуть соком, выжатым из лимона. Пластинки сельди свернуть в форме рулета, положив внутрь каждого по одной оливке. Рулеты скрепить деревянными палочками и смазать маслом. Каждый рулет в отдельности завернуть в алюминиевую фольгу и жарить на крышке барбекю по 8 минут с каждой стороны. Готовые рулеты освободить от фольги, выложить на блюдо и посыпать мелко нашинкованной зеленью петрушки. Подавать с печеным сладким красным перцем.

## Барбекю

## Филе кеты

**1-й способ**

> 400 г филе кеты • 1 ч. л. соли • 150 мл красного вина • 1 ч. л. куркумы • 50 мл оливкового масла.

Филе кеты хорошо промыть прохладной водой и замариновать на 30 минут (маринад: соль, вино, куркума). Затем филе облить маслом и жарить на решетке барбекю с двух сторон, пока не образуется золотистая корочка. Выложить на блюдо, нарезать кусочками и подать к столу, посыпав зеленью петрушки.

**2-й способ**

> 300 г филе кеты • 1 ч. л. уксуса из белого вина • 0,5 ч. л. сладкого молотого перца • 1 ч. л. соли.

Филе вымыть прохладной водой, положить на плоскую тарелку, посолить, поперчить, сбрызнуть уксусом и оставить на 15 минут. Затем филе жарить на решетке барбекю по 10 минут с каждой стороны. Подавать с солеными помидорами.

## Сельдь с зеленью

> 2 крупные сельди • 2 головки репчатого лука • 1 пучок петрушки • 2 ве-

точки эстрагона • 1 ч. л. соли • 1 лимон • 20 мл оливкового масла • алюминиевая фольга.

Рыбу почистить, хорошо промыть, сбрызнуть соком, выжатым из лимона, и оставить на 10 минут. Затем рыбу хорошо натереть солью и нафаршировать луком, нарезанным полукольцами. Фаршированную сельдь обернуть зеленью петрушки, посыпать мелко нарезанным эстрагоном и оставить на 5 минут. Каждую сельдь в отдельности завернуть в алюминиевую фольгу, предварительно смазанную с внутренней стороны маслом, и жарить на крышке барбекю по 17 минут с каждой стороны. Готовую рыбу освободить от фольги и выложить на блюдо. Подавать с маринованными огурцами.

### Филе сига

300 г филе сига • 0,25 ч. л. черного молотого перца • 1 ч. л. соли • 0,5 ч. л. имбиря • 1 лайм • 50 мл подсолнечного масла.

Филе вымыть прохладной водой и нарезать небольшими кусочками. Затем кусочки сига сбрызнуть соком, выжатым из лайма, посолить, поперчить, натереть имбирем и облить маслом. Жарить на крышке барбекю по 5 минут с каждой стороны. Подавать с салатом из цветной капусты.

## Филе морского языка с грейпфрутом

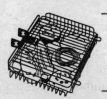

*300 г филе морского языка • 1 грейпфрут • 0,5 ч. л. сахара • 1 ч. л. соли • 0,25 ч. л. красного молотого перца • 0,25 ч. л. имбиря • 50 мл оливкового масла.*

Филе морского языка промыть холодной водой, нарезать ломтиками по 30 г и сложить в эмалированную кастрюлю, добавив сок грейпфрута, сахар, соль, перец, имбирь. Все ингредиенты хорошо перемешать, закрыть крышкой и оставить на 20 минут. Затем каждый ломтик обмакнуть в масло и жарить на решетке барбекю до готовности. Подавать с красным сладким перцем, приготовленным в алюминиевой фольге на решетке барбекю.

## Филе морского языка с белым вином

*300 г филе морского языка • 40 мл белого сухого вина • 1 ч. л. соли • 0,25 ч. л. черного молотого перца.*

Филе вымыть прохладной водой, натереть солью, перцем, сбрызнуть вином и оставить на 20 минут. Филе жарить на решетке барбекю по 8 минут с каждой стороны. Готовое филе нарезать маленькими кусочками и выложить на блюдо. Подавать с дольками красных помидоров.

Приготовление блюд на гриле, мангале, фондю и барбекю

## Филе морского языка с твердым сыром

*300 г филе морского языка • 1 ч. л. соли • 0,25 ч. л. имбиря • 150 г твердого сыра • 30 мл оливкового масла • алюминиевая фольга.*

Филе хорошо вымыть, посолить, положить на сито и дать стечь лишнему соку. Затем филе натереть имбирем и посыпать сыром, натертым на крупной терке. Алюминиевую фольгу смазать маслом и завернуть в нее морской язык. Жарить на крышке барбекю по 12 минут с каждой стороны. Подавать с салатом из спаржи.

## Ледяная рыба с печеным картофелем

*1 ледяная рыба (800 г) • 1 ч. л. соли • 0,25 ч. л. соли • 0,25 ч. л. тмина • 0,5 ч. л. шафрана • 1 лимон • 30 мл подсолнечного масла • алюминиевая фольга.*

Рыбу очистить от чешуи, распотрошить, хорошо промыть прохладной водой. Рыбу сбрызнуть соком, выжатым из лимона, и оставить на 10 минут. Приготовить смесь из соли, тмина, шафрана и хорошо натереть рыбу с внутренней и наружной сторон. Облить маслом и завернуть в алюминиевую фольгу. Жарить на крышке барбекю по 20 минут с каждой стороны. Готовую ледяную рыбу освободить от фольги и выложить на блюдо. Подавать с печеным картофелем.

## Барбекю

### Анчоусы

*200 г анчоусов • 40 г сливочного масла • 0,5 ч. л. соли • 0,25 ч. л. смеси карри • алюминиевая фольга.*

Рыбу почистить, хорошо вымыть прохладной водой, натереть солью, смесью карри и оставить на 15 минут. Затем лист алюминиевой фольги смазать с одной стороны маслом и завернуть в него анчоусы. Жарить на крышке барбекю по 10–12 минут с каждой стороны. Готовую рыбу освободить от фольги и выложить на блюдо. Подавать с томатным соком и ломтиками чёрного хлеба, натертыми тмином.

### Сайра, фаршированная луком

*400 г сайры • 2 головки репчатого лука • 3 горошины душистого перца • 0,25 ч. л. чёрного молотого перца • 1 ч. л. соли • 1 лавровый лист • 1 лимон • 50 мл подсолнечного масла • алюминиевая фольга.*

Сайру почистить, хорошо промыть прохладной водой, положить в эмалированную кастрюлю, сбрызнуть соком, выжатым из лимона, и оставить на 15 минут. Затем рыбу натереть снаружи и изнутри солью. Приготовить начинку из перца чёрного молотого, перца душистого, лаврового листа и лука, нарезанного полукольцами. Этой начинкой нафаршировать каждую

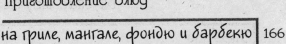

рыбку. Сайру облить маслом и завернуть в алюминиевую фольгу (каждую рыбу в отдельности). Жарить на крышке барбекю по 8 минут с каждой стороны. Готовую рыбу освободить от фольги, выложить на блюдо и подавать с отварным рисом.

## Сайра с морковью

*5 рыбок • 2 моркови • 1 ч. л. смеси карри • 1 ст. л. соли • 2 головки репчатого лука • 50 мл оливкового масла • алюминиевая фольга.*

Рыбу почистить, хорошо промыть, натереть солью и смесью карри. Мелко нарезанный лук и крупно натертую морковь обжарить в оливковом масле в течение 5 минут. Затем рыбу начинить приготовленным фаршем из моркови и лука, завернуть в алюминиевую фольгу, предварительно смазанную маслом, и жарить на крышке барбекю по 15–20 минут с каждой стороны. Готовую сайру освободить от фольги и выложить на блюдо. Подавать с маринованным чесноком и черным хлебом.

## Плотва

*5 рыб • 1 ч. л. соли • 0,5 ч. л. душицы • 30 мл подсолнечного масла.*

Рыбу почистить, хорошо вымыть, обсушить, натереть солью, душицей и облить маслом. Плотву жарить на решетке барбекю с двух сторон до тех пор, пока не образуется золотистая корочка. Готовую рыбу подавать с квашеной капустой.

### Рулеты из филе морского окуня

*500 г филе морского окуня • 1 ч. л. соли • 1 пучок укропа • 0,25 ч. л. душистого перца • 50 мл оливкового масла • деревянные палочки • алюминиевая фольга.*

Филе хорошо вымыть, нарезать пластинками толщиной 1,5 см и длиной 12–15 см, слегка отбить, посолить, поперчить, посыпать мелко нарезанной зеленью укропа и завернуть в рулеты, скрепив деревянной палочкой. Алюминиевую фольгу положить на крышку барбекю и смазать оливковым маслом. Рулеты уложить на фольгу и жарить в течение 30 минут. Готовые рулеты выложить на блюдо. Подавать с маринованными кабачками.

### Фаршированный карп в фольге

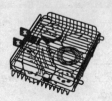
*1 карп, весом 700 г • 1 морковь • 1 головка репчатого лука • 1 картофелина • 0,25 ч. л. черного молотого перца • 0,25 ч. л. тмина • 50 мл подсолнечного масла • 1 ч. л. соли • алюминиевая фольга.*

Рыбу очистить от чешуи, распотрошить, хорошо промыть прохладной водой, смазать солью и тмином с наружной стороны. Приготовить начинку (картофель и морковь натереть на крупной терке, лук мелко нашинковать, добавить соль, перец и все хорошо перемешать) и нафаршировать рыбу. Рыбу смазать подсолнечным маслом и завернуть в алюминиевую фольгу (в форме конверта). Жарить на решетке барбекю по 20 минут с каждой стороны.

## *Осетровые стейки*

### 1-й способ

*5 стейков из осетра по 150 г • 300 мл красного сухого вина • 1 лайм • 0,25 ч. л. соли • 0,25 ч. л. кинзы • 40 г сливочного масла • 1 батон • алюминиевая фольга.*

Рыбные стейки хорошо вымыть прохладной водой и замариновать на 20 минут (для маринада: вино, соль, кинза, сок, выжатый из лайма). Алюминиевую фольгу расстелить на крышку барбекю и смазать сливочным маслом. Когда крышка разогреется, положить маринованные стейки и ломтики батона и жарить по 5 минут с каждой стороны. Стейки положить на ломтики батона и посыпать зеленью петрушки. Подавать с томатным соком.

### 2-й способ

*3 стейка из осетра по 150 г • 30 мл оливкового масла • 1 ч. л. соли • 0,25 ч. л.*

черного молотого перца • 0,25 ч. л. имбиря • 1 лайм.

Стейки вымыть прохладной водой, сбрызнуть соком, выжатым из лайма, и оставить на 10 минут. Затем натереть солью, перцем, имбирем, облить маслом и жарить на решетке барбекю до готовности. Подавать с гренками из белого хлеба и с томатным соком.

### Камбала с пряностями

*2 камбалы • 30 мл подсолнечного масла • 0,25 ч. л. черного молотого перца • 0,5 ч. л. сельдерея • 1 ч. л. соли.*

Очищенную рыбу хорошо промыть прохладной водой, натереть солью, перцем, сельдереем, смазать маслом с двух сторон и жарить на решетке барбекю до готовности. Подавать с салатом из морской капусты.

### Щука с горчицей

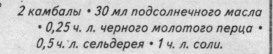

*1 щука • 1 лайм • 0,25 ч. л. черного молотого перца • 1 ч. л. соли • 2 ст. л. столовой горчицы • алюминиевая фольга.*

Рыбу почистить, хорошо промыть прохладной водой, посолить, поперчить, сбрызнуть соком, выжатым из лайма, и оставить на 15 минут. Затем рыбу смазать горчицей с наружной и внутренней сторон, завернуть в алюминиевую фольгу и жарить на решетке барбекю с двух сторон в течение 30–40 минут (в зависимости от веса рыбы). Подавать с рисом.

## Щука с анисом

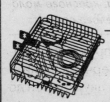

*1 щука • 1 ч. л. аниса • 1 ч. л. смеси карри • 1 пучок петрушки • 100 мл подсолнечного масла • 2 ч. л. соли • пергаментная и газетная бумага.*

Щуку почистить, хорошо промыть, натереть солью внутри и снаружи. Затем рыбу посыпать анисом и смесью карри. Внутрь щуки положить зелень петрушки. Щуку облить маслом и завернуть в пергаментную бумагу, а затем в три слоя газетной бумаги. Жарить на решетке барбекю. Когда газетная бумага обуглится, рыбу освободить от нее и выложить на блюдо. Подавать с отварным рисом и маринованными огурцами.

## Рыба сырок с тмином

*5 рыб сырок • 1 ч. л. соли • 1 ч. л. тмина • 30 мл подсолнечного масла • листья салата.*

Рыбу почистить, хорошо промыть, натереть солью, тмином, смазать маслом и жарить на решетке барбекю с двух сторон до тех пор, пока не образуется золотистая корочка. Готовую рыбу выложить на блюдо и украсить листьями салата. Подавать с кетчупом.

# Барбекю

## Салака с белым соусом

*500 г салаки • 60 мл подсолнечного масла • 1 ч. л. соли • 0,5 ч. л. красного молотого перца • 300 г белого соуса.*

Рыбу почистить, хорошо промыть прохладной водой и обсушить. Затем посолить, поперчить, полить маслом и жарить на решетке барбекю с двух сторон до золотистой корочки. Готовую салаку выложить на блюдо и полить соусом.

## Салака в сухарях

*1 кг салаки • 1 стакан панировочных сухарей • 2 ч. л. соли • 1 ч. л. имбиря.*

Рыбу почистить, хорошо промыть, обсушить, посолить, натереть имбирем и оставить на 15 минут. Затем каждую рыбку обвалять в панировочных сухарях и жарить на решетке барбекю до готовности. Подавать к столу с томатным соком.

## Салака с лимоном

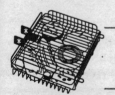

*500 г салаки • 50 мл оливкового масла • 2 ч. л. соли • 1 ч. л. перца паприка • 2 лимона.*

Рыбу хорошо промыть и почистить. Лимоны нарезать тонкими ломтиками. Салаку положить в большую глубокую тарелку, чередуя с лимоном (слоями) и оставить на 15 минут. Затем рыбу выложить на блюдо, хорошо натереть солью, перцем, полить оливковым маслом и жарить на решетке барбекю с двух сторон до золотистой корочки. Готовую салаку подавать с оливками и темным хлебом.

### Налим с огурцами

*1 кг налима • 3 соленых огурца • 1 ч. л. соли • 0,5 ч. л. красного молотого перца • 50 мл растительного масла • алюминиевая фольга.*

Рыбу почистить и хорошо промыть. Огурцы натереть на мелкой терке, обмазать ими рыбу со всех сторон и оставить на час. Затем налима освободить от огурцов и натереть перцем, солью, облить маслом, завернуть в алюминиевую фольгу и жарить на крышке барбекю по 20 минут с каждой стороны. Готовую рыбу освободить от фольги и выложить на блюдо. Подавать к столу с овощной запеканкой.

### Путассу

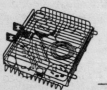

*3 крупных путассу • 1 ч. л. соли • 30 мл подсолнечного масла • 0,25 ч. л. черного молотого перца • 1 лавровый лист • 2 горошины душистого перца • конверт из алюминиевой фольги.*

## Вкусные штучки

### Барбекю

Рыбу почистить, хорошо промыть прохладной водой и обсушить. Затем посолить, поперчить, облить маслом и упаковать вместе с лавровым листом и душистым перцем в конверт из алюминиевой фольги. Жарить на крышке барбекю по 7–10 минут с каждой стороны. Готовую путассу освободить от фольги и выложить на блюдо. Подавать с гренками из черного хлеба.

### Окунь с грибами

*2 окуня • 500 г шампиньонов • 2 головки репчатого лука • 1 пучок сельдерея • 50 мл оливкового масла • 1 ч. л. соли • 0,5 ч. л. перца • алюминиевая фольга.*

Рыбу почистить, хорошо промыть прохладной водой, обсушить, натереть солью, перцем и оставить на 10 минут. Грибы и лук мелко нашинковать и обжарить на оливковом масле (30 мл) в течение 5 минут. Готовым фаршем начинить рыбу. Затем окуня облить оставшимся маслом, завернуть в алюминиевую фольгу и жарить на крышке барбекю по 15–20 минут с каждой стороны. Готовую рыбу освободить от фольги, выложить на блюдо и посыпать мелко нарезанной зеленью сельдерея. Подавать с томатным соком.

### Хрустящий сиг

*400 г сига • 1 ч. л. соли • 1 ч. л. сладкого молотого перца • 1 ч. л. смеси карри •*

*1 ст. л. муки • 50 мл подсолнечного масла.*

Рыбу почистить, хорошо промыть прохладной водой и обсушить. Затем натереть солью, перцем, облить маслом, обвалять в муке и жарить на решетке барбекю с двух сторон до тех пор, пока не образуется золотистая хрустящая корочка. Готовую рыбу выложить на блюдо и посыпать смесью карри.

### Судак с цветной капустой

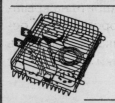

*1 кг судака • 1 веточка душицы • 0,5 ч. л. смеси карри • 2 ч. л. соли • 1 кочан цветной капусты • 100 г сливочного масла • 50 мл растительного масла • алюминиевая фольга.*

Рыбу почистить, хорошо вымыть, нарезать крупными кусками, натереть солью и смесью карри, облить растительным маслом, посыпать душицей, завернуть в алюминиевую фольгу и жарить на крышке барбекю 30 минут с двух сторон. Капусту отварить в подсоленной воде до готовности, разделить на соцветия и обжарить в течение 3 минут на решетке барбекю. Готовую рыбу освободить от фольги, выложить на блюдо и подавать с цветной капустой, предварительно смазанной сливочным маслом.

## Семга

*400 г филе семги • 1 ч. л. соли • 0,5 ч. л. сахара • 0,25 ч. л. черного молотого перца • 0,25 ч. л. красного молотого перца • щепотка эстрагона • 50 мл оливкового масла • 1 пучок петрушки • алюминиевая фольга.*

Филе хорошо промыть прохладной водой, натереть солью, сахаром, перцем, эстрагоном и оставить на 20 минут. Затем филе облить оливковым маслом, завернуть в алюминиевую фольгу и жарить на крышке барбекю по 20 минут с каждой стороны. Рыбу освободить от фольги, нарезать кусочками, посыпать мелко нарубленной зеленью петрушки и подавать с отварным рисом.

## Форель с горчицей

**1-й способ**

*3 форели • 2 лимона • 40 г столовой горчицы • 1 ч. л. соли • 0,25 ч. л. черного молотого перца • 50 г сливочного масла • алюминиевая фольга.*

Рыбу почистить, промыть прохладной водой, сбрызнуть соком лимонов и оставить на 15 минут. Затем форель натереть солью, перцем, горчицей с внутренней и наружной сторон и снова оставить на 10 минут.

Алюминиевую фольгу разделить на 3 части и с одной стороны смазать сливочным маслом. Каждую рыбу завернуть в фольгу и жарить на крышке барбекю по 15 минут с каждой стороны. Готовую рыбу освободить от фольги и выложить на блюдо. Подавать к столу с салатом из баклажанов.

**2-й способ**

*2 форели • 1 ч. л. соли • 2 ч. л. порошка горчицы • алюминиевая фольга.*

Рыбу почистить, хорошо промыть, натереть солью, горчицей и оставить на 15 минут. Затем каждую рыбу в отдельности завернуть в алюминиевую фольгу, предварительно смазанную маслом, и жарить на крышке барбекю по 15 минут с каждой стороны. Готовую форель освободить от фольги, выложить на блюдо и подавать с зеленым луком.

### Сом с лимоном и зеленью

*800 г сома • 2 головки репчатого лука • 30 мл растительного масла • 30 г сливочного масла • 1 ч. л. соли • 0,25 ч. л. черного молотого перца • 0,25 ч. л. кинзы • алюминиевая фольга.*

Рыбу промыть прохладной водой и нарезать кусочками по 150 г. Кусочки положить в эмалированную кастрюлю, посыпать солью, перцем, луком, нарезанным кольцами, сбрызнуть растительным маслом, закрыть крышкой и поставить в холодильник на час. Алюминиевую фольгу нарезать листочками для каждого кусочка рыбы и смазать сливочным маслом с одной стороны. Кусочки рыбы и лук выложить на фольгу (на сторону, смазанную маслом), каждый кусочек посыпать кинзой и хорошо завернуть. Жарить на крышке барбекю по 12 минут с каждой стороны. Готовую рыбу освободить от фольги, выложить на блюдо и подавать с лимоном и зеленью.

## Камбала с имбирем

*2 камбалы • 1 ч. л. молотого имбиря • 2 ч. л. соли • 0,5 ч. л. черного молотого перца • 30 мл подсолнечного масла • алюминиевая фольга.*

Рыбу почистить, хорошо промыть, натереть солью, перцем, имбирем и оставить на 10 минут. Затем каждую рыбу в отдельности завернуть в алюминиевую фольгу, предварительно смазанную маслом, и жарить на крышке барбекю по 15 минут с каждой стороны. Готовую камбалу освободить от фольги и выложить на блюдо. Подавать с маринованными баклажанами.

## Тунец с перцем чили

*1 кг тунца • 1 ч. л. перца • 1 ч. л. соли • 50 мл оливкового масла • 1 пучок петрушки и сельдерея • алюминиевая фольга.*

Рыбу почистить, хорошо промыть, нарезать на кусочки по 50 г, натереть солью, перцем и оставить на 10 минут. Затем тунца облить маслом, посыпать зеленью, завернуть каждый кусочек в отдельности в алюминиевую фольгу и жарить на крышке барбекю в течение 30 минут, периодически переворачивая. Готовую рыбу освободить от фольги и выложить на блюдо. Подавать к столу с салатом из свежей капусты и яблок.

## Щука в томатном соке

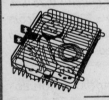

*1 щука • 400 мл томатного сока • 50 мл оливкового масла • 1 головка репчатого лука • 0,25 ч. л. черного молотого перца • 0,25 ч. л. кориандра • 1 ч. л. соли • алюминиевая фольга.*

Рыбу почистить, хорошо вымыть, натереть перцем, кориандром, солью, луком, мелко нашинкованным, и положить в эмалированную кастрюлю, залив томатным соком на 30 минут. Рыбу достать из маринада и дать стечь соку, полить хорошо маслом, завернуть в алюминиевую фольгу и жарить на крышке барбекю с двух сторон в течение 30 минут. Готовую рыбу освободить от фольги, выложить на блюдо и подавать с жареной морковью и ржаным хлебом.

## Треска с оливками

1 треска • 1 ч. л. соли • 1 ч. л. тмина • 0,25 ч. л. черного молотого перца.

Рыбу почистить, хорошо промыть, разрезать на две половины по хребту, натереть солью, тмином, перцем и жарить на крышке барбекю по 10–15 минут с каждой стороны. Подавать с оливками.

## Толстолобик фаршированный

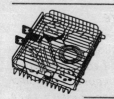

1 толстолобик • 0,25 ч. л. черного молотого перца • 0,25 ч. л. аниса • 0,25 ч. л. базилика • 2 ч. л. соли • 100 мл подсолнечного масла • 1 морковь • 50 г риса • алюминиевая фольга.

Рыбу почистить, хорошо промыть прохладной водой, натереть солью (1 ч. л.), анисом, перцем, базиликом, внутри и снаружи, и оставить на 15 минут. Приготовить фарш: рис промыть холодной водой и отварить в подсоленной воде до полуготовности, морковь натереть на крупной терке и соединить с рисом. Полученным фаршем начинить рыбу. Фаршированную рыбу хорошо облить маслом и завернуть в алюминиевую фольгу. Жарить на крышке барбекю по 15 минут с каждой стороны. Готовую рыбу освободить от фольги, выложить на блюдо и подавать к столу с белым хлебом и овощным соком.

Приготовление блюд на гриле, мангале, фондю и барбекю

## Судак с лимоном и анисом

*2 судака среднего размера • 2 ч. л. соли • 1 ч. л. семян аниса • 2 лимона • 20 мл подсолнечного масла.*

Рыбу почистить, хорошо промыть, сбрызнуть соком, выжатым из лимонов, и оставить на 30 минут. Затем судака натереть солью, семенами аниса, смазать маслом и жарить на крышке барбекю по 20 минут с каждой стороны. Подавать к столу с горячим омлетом и зеленью укропа.

## Спинки хека

*500 г спинок хека • 1 ч. л. соли • 0,25 ч. л. черного молотого перца • 1 лайм • 40 мл оливкового масла.*

Рыбу вымыть прохладной водой, обсушить, сбрызнуть соком, выжатым из лайма, и оставить на 10 минут. Затем спинки хека хорошо натереть солью, перцем, смазать маслом и жарить на решетке барбекю с двух сторон до готовности. Готовую рыбу подавать со свежими огурцами.

## Гренки с лососем

*1 батон • 400 г филе лосося • 50 мл оливкового масла • 100 г майонеза • 1 ч. л. соли • 0,25 ч. л. имбиря.*

## Барбекю

Батон нарезать кусочками, толщиной в палец, и обжарить на решетке барбекю с двух сторон до золотистой корочки. Филе лосося хорошо вымыть прохладной водой, натереть солью и имбирем, облить маслом и обжарить на крышке барбекю с двух сторон до готовности. Готовое филе нарезать набольшими кусочками и выложить на смазанные майонезом гренки.

### Сазан

**1-й способ**

*1 сазан (600—700 г) • 1 лимон • 1 ч. л. соли • 0,5 ч. л. майорана • 50 мл подсолнечного масла • алюминиевая фольга.*

Рыбу почистить, хорошо промыть, натереть солью, майораном и оставить на 7 минут. Затем лимон нарезать полукольцами и вложить в брюшко сазана. Рыбу облить маслом, завернуть в алюминиевую фольгу и жарить на крышке барбекю по 20–25 минут с каждой стороны. Готового сазана освободить от фольги и выложить на блюдо. Подавать с маринованной цветной капустой.

**2-й способ**

*1 сазан (1,1—1,2 кг) • 2 ч. л. соли • 0,5 ч. л. красного молотого перца • 50 мл оливкового масла • 100 мл винного уксуса*

*• 1 л воды • 1 пучок петрушки • 1 пучок укропа • алюминиевая фольга.*

Рыбу почистить, хорошо вымыть, положить в эмалированную кастрюлю, залить уксусом, водой и оставить на час. Сазана достать из маринада, обсушить, натереть солью, перцем, обернуть зеленью укропа и петрушки, облить маслом, завернуть в алюминиевую фольгу и жарить на крышке барбекю по 30 минут с каждой стороны. Готовую рыбу освободить от фольги и выложить на блюдо. Подавать со свежими овощами.

## Мойва хрустящая

*500 г мойвы • 1 ч. л. соли • 50 мл подсолнечного масла • 1 ч. л. эстрагона.*

Рыбу почистить, хорошо промыть, посолить, посыпать эстрагоном, смазать маслом и жарить на решетке барбекю по 5 минут с каждой стороны. Подавать с темным хлебом и горчицей.

## Корюшка с клюквой

*10 корюшек • 1 стакан клюквы • 2 ч. л. соли • 50 мл подсолнечного масла • алюминиевая фольга.*

Рыбу почистить, хорошо вымыть, натереть солью, облить маслом, посыпать клюквой, завернуть в алюминиевую фольгу и жарить на крышке барбекю по 10–

15 минут с каждой стороны. Готовую рыбу освободить от фольги и выложить на блюдо. Подавать с гренками из белого хлеба.

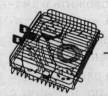

## Отбивные из сома

*700 г филе сома • 1 ч. л. соли • 0,5 ч. л. кориандра • 70 мл оливкового масла.*

Филе хорошо вымыть прохладной водой, нарезать кусочками по 100 г, отбить с двух сторон, натереть солью, кориандром, облить маслом и жарить на крышке барбекю до тех пор, пока не образуется золотистая корочка. Готовые отбивные выложить на блюдо. Подавать с отварным рисом.

## Сардинелла

*400 г филе сардинеллы • 0,25 ч. л. семян горчицы • 0,25 ч. л. сладкого молотого перца • 70 мл белого сухого вина • 0,25 ч. л. соли • 40 мл подсолнечного масла • конверт из алюминиевой фольги.*

Филе вымыть прохладной водой, положить в глубокую тарелку, залить вином и оставить на 15 минут. Затем филе достать из вина, обсушить, натереть солью, семенами горчицы, перцем, облить маслом и упаковать в конверт из алюминиевой фольги. Рыбу жарить на крышке барбекю по 10 минут с каждой стороны. Готовую сардинеллу освободить от фольги и выложить на блюдо. Подавать со сладким желтым тушеным перцем.

### Аргентина с зеленью

*1 аргентина • 1 ч. л. соли • 0,5 ч. л. кориандра • 30 мл подсолнечного масла • 1 пучок сельдерея • алюминиевая фольга.*

Рыбу почистить, хорошо промыть, обсушить, натереть солью, кориандром и оставить на 10 минут. Затем в брюшко рыбы положить зелень сельдерея, облить маслом, завернуть в алюминиевую фольгу и жарить на крышке барбекю по 15–20 минут с каждой стороны. Готовую рыбу освободить от фольги и выложить на блюдо. Подавать с отварным рисом.

### Тунец фаршированный

*1 тунец • 2 ч. л. соли • 0,5 ч. л. черного молотого перца • 100 мл подсолнечного масла • 1 картофелина • 1 морковь • 1 головка репчатого лука • 1 пучок укропа • алюминиевая фольга.*

Рыбу почистить, хорошо вымыть и обсушить. Затем натереть солью, перцем и оставить на 20 минут. Картофель и морковь натереть на крупной терке, луковицу мелко нашинковать, все хорошо перемешать, посолить и обжарить на подсолнечном масле (50 мл) в течение 10 минут. Затем приготовленный фарш вложить в брюшко рыбы. Тунца облить маслом и завернуть в алюминиевую фольгу. Жарить рыбу на крышке барбекю по 20 минут с каждой стороны. Готовую рыбу освободить от фольги, выложить на блюдо и посыпать мелко нарезанной зеленью укропа.

### Камбала с шампиньонами

*1 камбала • 300 г шампиньонов • 30 мл подсолнечного масла • 50 г сливочного масла • 1 головка репчатого лука • 2 ч. л. соли • 1 ч. л. черного молотого перца • 1 ст. л. муки • алюминиевая фольга.*

Рыбу почистить, хорошо вымыть, натереть солью, перцем, облить маслом и завернуть в алюминиевую фольгу. Жарить на крышке барбекю по 20 минут с каждой стороны. Алюминиевую фольгу положить на крышку барбекю и смазать сливочным маслом. Грибы и лук нашинковать, посолить, поперчить, добавить муку и выложить на фольгу. Жарить грибы до готовности, периодически помешивая. Рыбу освободить от фольги и выложить на блюдо. Подавать с грибами.

### Навага

*1 навага • 0,5 ч. л. соли • 0,5 ч. л. майорана • 0,5 ч. л. тмина • 30 мл подсолнечного масла • алюминиевая фольга.*

Рыбу почистить, хорошо вымыть, обсушить, натереть солью, майораном, облить маслом и завернуть в алюминиевую фольгу. Жарить на крышке барбекю по 15–20 минут с каждой стороны. Готовую рыбу освободить от фольги и выложить на блюдо. Подавать со свежими овощами.

### Хек в томатном соке

*1 кг хека • 400 мл томатного сока • 0,5 ч. л. соли • 0,25 ч. л. тмина • 0,25 ч. л. имбиря • 50 мл подсолнечного масла • 100 г сливочного масла • алюминиевая фольга.*

Рыбу почистить, хорошо вымыть, нарезать кусочками по 50 г, сложить в эмалированную кастрюлю, залить соком, добавить соль, тмин, имбирь, закрыть крышкой и оставить на час. Маринованные кусочки обсушить, облить подсолнечным маслом, положить на алюминиевую фольгу ровными рядами и завернуть. Жарить на крышке барбекю по 20 минут с каждой стороны. Готового хека освободить от фольги, выложить на блюдо и смазать сливочным маслом. Подавать с маринованным чесноком.

### Морской язык в кисломолочном напитке

*300 г филе морского языка • 400 мл кисломолочного напитка • 0,25 ч. л. соли.*

Филе вымыть прохладной водой, положить в глубокую тарелку, залить кисломолочным напитком и оставить на час. Затем язык разрезать на 5 частей, посолить и жарить на решетке барбекю по 5–7 минут с каждой стороны. Морской язык подавать к столу с печеными красными помидорами.

### Хамса с мятой

*300 г хамсы • 0,5 ч. л. соли • 1 пучок мяты • 30 мл подсолнечного масла • алюминиевая фольга.*

Рыбу хорошо вымыть, посолить, обернуть листьями мяты, облить маслом и завернуть в алюминиевую фольгу. Жарить на крышке барбекю по 10 минут с каждой стороны. Готовую хамсу освободить от фольги, выложить на блюдо и полить томатным соусом. Подавать с черным хлебом и печеным картофелем.

### Сардина с лимоном

*300 г филе сардины • 1 лимон • 1 веточка мяты • 0,25 ч. л. соли • 30 мл оливкового масла • 0,25 ч. л. перца паприка • конверт из алюминиевой фольги.*

Филе вымыть прохладной водой, посолить, поперчить и оставить на 10 минут. Лимон вымыть и нарезать дольками. Филе обложить дольками лимона, облить маслом, посыпать мелко нашинкованной мятой и упаковать в конверт из алюминиевой фольги. Жарить на крышке барбекю по 10 минут с каждой стороны. Готовую рыбу освободить от фольги и выложить на блюдо. Подавать с консервированной сладкой кукурузой.

### Филе палтуса

*500 г филе палтуса • 1 ч. л. соли • 1 ч. л. имбиря • 2 лайма • 50 мл подсолнечного масла • 1 пучок кинзы.*

Филе хорошо вымыть прохладной водой, слегка отбить, сбрызнуть соком, выжатым из лаймов, и оставить на 15 минут. Затем рыбу натереть солью, имбирем, облить маслом и жарить на крышке барбекю по 10 минут с каждой стороны. Готовое филе выложить на блюдо и посыпать мелко нарезанной зеленью кинзы. Подавать с салатом из свежей краснокочанной капусты.

### Лемонелла

*300 г филе лемонеллы • 20 г сливочного масла • 0,5 ч. л. смеси карри • 0,5 ч. л. соли • 1 пучок кинзы • алюминиевая фольга.*

Филе рыбы хорошо вымыть в холодной воде, посолить и положить в дуршлаг. Когда жидкость стечет, рыбу разрезать на три части, натереть смесью карри и посыпать мелко нашинкованной зеленью кинзы. Лист алюминиевой фольги смазать сливочным маслом. Рыбу хорошо завернуть в фольгу. Жарить на крышке барбекю по 10 минут с каждой стороны. Готовую лемонеллу освободить от фольги и выложить на блюдо. Подавать с картофельным пюре.

### Зубатка

*400 г филе зубатки • 3 зубчика чеснока • 1 ч. л. соли • 0,25 ч. л. имбиря • 50 г сливочного масла • алюминиевая фольга.*

Филе хорошо вымыть в холодной воде, посолить, положить в дуршлаг и дать стечь образовавшемуся соку. Затем филе разрезать на две части, натереть имбирем, посыпать мелко нашинкованным чесноком и завернуть в алюминиевую фольгу, смазанную маслом. Жарить на крышке барбекю по 9 минут с каждой стороны. Готовую рыбу освободить от фольги и выложить на блюдо. Подавать с гренками из белого хлеба и томатным соком.

### Раковые шейки с луком

*200 г раковых шеек • 0,25 ч. л. соли • 0,25 ч. л. тмина • 3 головки репчатого лука • 50 мл оливкового масла • алюминиевая фольга.*

Раковые шейки хорошо вымыть прохладной водой, обсушить, натереть солью и тмином. Лук нарезать кольцами и слегка обжарить на оливковом масле. Затем раковые шейки и лук выложить на алюминиевую фольгу и завернуть. Жарить на крышке барбекю по

5 минут с каждой стороны. Готовые шейки освободить от фольги и выложить на блюдо. Подавать со спаржей.

### Креветки с куркумой

*200 г крупных очищенных креветок • 1 головка репчатого лука • 0,25 ч. л. соли • 1 лимон • 0,25 ч. л. куркумы • 10 мл оливкового масла • конверт из алюминиевой фольги.*

Креветки вымыть и отварить в кипящей подсоленной воде в течение 2 минут. Затем креветки достать из воды, обсушить, сбрызнуть соком, выжатым из лимона, и оставить на 5 минут. Креветки посолить, обсыпать куркумой, мелко нашинкованным луком, облить маслом и упаковать в конверт из алюминиевой фольги. Жарить на крышке барбекю по минуте с каждой стороны. Готовые креветки освободить от фольги и выложить на блюдо. Подавать с печеным сладким перцем.

### Креветки в рисовой бумаге

*300 г очищенных крупных креветок • 2 крупных сладких красных перца • 0,25 ч. л. сладкого молотого перца • 0,25 ч. л. соли • 5 листов рисовой бумаги • 40 мл оливкового масла.*

Креветки и перец вымыть прохладной водой. Креветки отварить в подсоленной кипящей воде в течение

2 минут. Откинуть их на дуршлаг и дать стечь воде. Перец очистить от семян и нарезать соломкой. Каждую креветку разрезать на две части. Креветки и перец поперчить, облить маслом и жарить на крышке барбекю 2 минуты. Затем приготовленные перец и креветки разделить на 5 частей и завернуть в рисовую бумагу. Подавать с томатным соусом.

### Кальмары с копченой грудинкой

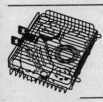

*500 г кальмаров • 100 г копченой грудинки • 30 мл оливкового масла • 0,5 ч. л. соли • 0,25 ч. л. черного молотого перца • 1 пучок укропа • листья салата • алюминиевая фольга.*

Кальмары очистить от пленки, хорошо промыть, натереть солью и перцем. Грудинку нарезать соломкой и соединить с кальмарами. Затем грудинку и кальмары облить маслом и завернуть в алюминиевую фольгу. Жарить на крышке барбекю по 3 минуты с каждой стороны. Готовые кальмары освободить от фольги, выложить на листья салата и посыпать мелко нашинкованной зеленью укропа. Подавать со свежими красными помидорами.

### Морские гребешки

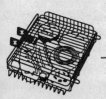

*200 г морских гребешков • 100 мл фруктового уксуса • 0,5 ч. л. соли • 1 пучок*

кинзы • *30 мл оливкового масла* • *конверт из алюминиевой фольги.*

Морские гребешки вымыть, положить в эмалированную посуду и залить уксусом на 10 минут. Затем гребешки достать из уксуса, обсушить, посыпать солью, мелко нашинкованной зеленью кинзы, облить маслом и упаковать в конверт из алюминиевой фольги. Жарить на крышке барбекю по 4 минуты с каждой стороны. Готовые гребешки освободить от фольги и выложить на блюдо. Подавать с консервированными ананасами.

### Мидии с кориандром

*200 г мяса мидий • 2 веточки кориандра • 0,25 ч. л. смеси карри • 1 лайм • 30 мл оливкового масла • конверт из алюминиевой фольги.*

Мясо вымыть прохладной водой и отварить в подсоленной кипящей воде в течение минуты. Мидии достать из воды, обсушить, натереть смесью карри, сбрызнуть соком, выжатым из лайма, и оставить на 3 минуты. Затем мидии облить маслом, обсыпать мелко нашинкованным кориандром, упаковать в конверт из алюминиевой фольги и жарить на решетке барбекю по минуте с каждой стороны. Готовые мидии освободить от фольги и выложить на блюдо. Подавать к столу с маринованным сладким перцем.

## Морепродукты в бумаге из морских водорослей

*100 г мяса мидий • 50 г мяса осьминога • 100 г очищенных кальмаров • 100 г очищенных креветок • 50 мл оливкового масла • 1 ч. л. соли • 0,25 ч. л. перца • 1 пучок петрушки • 5 листов бумаги из морских водорослей.*

Морепродукты вымыть прохладной водой и отварить в кипящей подсоленной воде в течение 2 минут. Затем морепродукты откинуть на дуршлаг и дать стечь воде. Морепродукты облить маслом, поперчить и жарить на крышке барбекю в течение 2 минут, помешивая. Петрушку мелко нашинковать и посыпать готовые морепродукты. После непродолжительного охлаждения морепродукты разделить на пять частей и завернуть в бумагу из морских водорослей. Подавать с соком из тропических фруктов.

## Морепродукты с томатным соусом

*500 г ассорти морепродуктов • 1 ч. л. соли • 0,5 ч. л. майорана • 0,5 ч. л. смеси карри • 100 мл томатного соуса • 70 мл оливкового масла.*

Морепродукты вымыть прохладной водой, обсушить, посолить, посыпать майораном, облить маслом и жарить на решетке барбекю 5 минут, постоянно помешивая. Затем морепродукты выложить на блюдо, посыпать смесью карри и полить томатным соусом. Подавать с домашней лапшой.

### Вешенки с картофелем

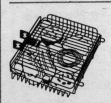

*300 г вешенок • 30 мл подсолнечного масла • 1 головка репчатого лука • 2 крупные картофелины • 2 зубчика чеснока • 0,25 ч. л. сладкого молотого перца • 1 ч. л. соли • 100 г майонеза • конверт из алюминиевой фольги.*

Грибы хорошо вымыть прохладной водой, шляпки отделить от ножек, посолить и поперчить. Картофель и лук вымыть и почистить. Лук мелко нашинковать. Картофель отварить до готовности и потолочь вместе с луком. Затем картофель с луком выложить на шляпки вешенок, облить маслом и аккуратно упаковать в конверт из алюминиевой фольги. Жарить на крышке барбекю 20 минут. Готовые грибы выложить на блюдо, посыпать мелко нашинкованным чесноком и полить майонезом. Подавать с ржаным хлебом.

### Вешенки с хрустящей корочкой

*300 г вешенок • 3 ст. л. муки • 50 мл оливкового масла • 2 ч. л. соли • 0,5 ч. л. сахара • 1 ч. л. сладкого молотого перца.*

Грибы почистить, вымыть прохладной водой и отварить в подсоленной воде в течение 20 минут, откинуть их на дуршлаг и дать стечь воде. Затем посыпать сахаром, перцем, полить маслом, обвалять в муке и жарить на решетке барбекю до тех пор, пока не образуется золотистая корочка. Готовые вешенки подавать к столу с ржаным хлебом и томатным соком.

## Зонтик пестрый с луком

*300 г шляпок зонтика пестрого • 1,5 л воды • 2 ч. л. соли • 50 мл подсолнечного масла • 1 головка репчатого лука.*

Грибы промыть в холодной воде, шляпки отделить от ножек и отварить в подсоленной воде с луком в течение 15 минут. Затем шляпки откинуть на дуршлаг и дать стечь воде. Шляпки зонтика пестрого обмазать с двух сторон маслом и жарить на решетке барбекю в течение 5 минут. Подавать со сметаной и ржаным хлебом.

## Зонтик пестрый с оливками

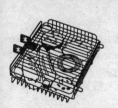

*400 г шляпок зонтика пестрого • 100 г оливок без косточек • 2 зубчика чеснока • 30 г сливочного масла • 1 веточка эстрагона • 3 листа бумаги из морских водорослей • 1 ч. л. соли • 0,25 ч. л. черного молотого перца • конверт из алюминиевой фольги.*

Грибы почистить, вымыть и отварить в подсоленной воде в течение 5 минут. Затем грибы откинуть на

Приготовление блюд на гриле, мангале, фондю и барбекю

дуршлаг и дать стечь воде. Оливки, чеснок и грибы мелко нашинковать, посолить, поперчить, посыпать мелко нашинкованным эстрагоном, маслом, натертым на крупной терке, и упаковать в конверт из алюминиевой фольги. Жарить на крышке барбекю по 7 минут с каждой стороны. Готовую смесь освободить от фольги, разделить на три части и завернуть в бумагу из морских водорослей. Подавать с белым соусом.

## *Отбивные из зонтика пестрого*

*8 шляпок зонтика пестрого • 80 г жирных сливок • 1 ч. л. соли • 1 ч. л. сладкого молотого перца.*

Грибы почистить, вымыть прохладной водой, посолить и слегка отбить. Затем поперчить и жарить на решетке барбекю по 8 минут с каждой стороны. Готовые шляпки положить на блюдо и полить сливками.

## *Белый гриб*

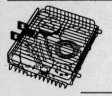
*5 белых грибов среднего размера • 0,5 стакана гречи • 1 головка репчатого лука • 0,25 ч. л. смеси карри • 1 ч. л. соли 20 мл соевого соуса • 50 мл подсолнечного масла.*

Грибы почистить и вымыть прохладной водой. Шляпки отделить от ножек и отварить в подсоленной воде в течение 15 минут. Гречу отварить до готовности. Шляпки достать из воды, обсушить и вынуть из них мякоть. Мякоть мелко нашинковать, соединить с гречей, мелко нашинкованным луком и смесью карри. Полученным фаршем заполнить шляпки. Фаршированные шляпки облить маслом и жарить на крышке барбекю 10 минут. Готовые грибы выложить на блюдо и полить соевым соусом. Подавать с ломтиками ржаного хлеба.

## Белый гриб, фаршированный рисом и зеленым луком

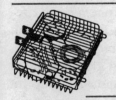

*5 крупных белых грибов • 50 г отварного риса • 1 пучок зеленого лука • 50 мл оливкового масла • 2 ч. л. соли • 0,5 ч. л. смеси карри • 100 г сметаны • алюминиевая фольга.*

Грибы почистить, вымыть прохладной водой и отварить в подсоленной воде в течение 15 минут. Затем грибы откинуть на дуршлаг и дать стечь воде. Лук вымыть и мелко нашинковать. Шляпки отделить от ножек. Ножки мелко нашинковать, соединить с рисом и луком. Фарш посолить, посыпать смесью карри, хорошо перемешать и заполнить им шляпки грибов. Фаршированные шляпки облить маслом и завернуть в алюминиевую фольгу. Жарить на крышке барбекю 15 минут. Затем грибы освободить от фольги и выложить на блюдо. После того как грибы остынут, полить их сметаной. Подавать с белым жареным хлебом.

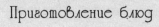

## Белый гриб, фаршированный гречей и мясом

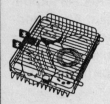

*7 крупных белых грибов • 100 г отварной гречи • 50 г тушеного свиного фарша • 1 головка репчатого лука • 2 ч. л. соли • 1 ч. л. сладкого молотого перца • 70 мл подсолнечного масла • 7 конвертов из алюминиевой фольги.*

Грибы почистить, вымыть прохладной водой и отварить в подсоленной воде в течение 20 минут. Затем откинуть их на дуршлаг и дать стечь воде. Лук почистить и мелко нашинковать. Шляпки отделить от ножек. Ножки мелко нашинковать и соединить с луком, гречей и мясным фаршем. Фарш посолить, поперчить, хорошо перемешать и заполнить им шляпки грибов. Затем грибы облить маслом и каждый в отдельности упаковать в конверт из алюминиевой фольги. Жарить на крышке барбекю 12 минут. Фаршированные грибы подавать с томатным соком и темным хлебом.

## Белые грибы с кальмарами

*200 г белых грибов • 3 кальмара • 1 морковь • 2 головки репчатого лука • 1,5 ч. л. соли • 50 мл оливкового масла • 70 г сметаны • листья салата • алюминиевая фольга.*

Грибы почистить, вымыть и отварить в подсоленной воде в течение 10 минут. Грибы откинуть на дур-

шлаг, а затем мелко нашинковать. Кальмары почистить, снять пленку и отварить в течение минуты в подсоленной воде. Лук и морковь вымыть и почистить. Лук нарезать тонкими полукольцами. Морковь натереть на крупной терке. Грибы соединить с морковью и луком и обжарить на масле в течение 5 минут. Полученным фаршем заполнить тушки кальмаров. Фаршированные кальмары облить маслом и каждый в отдельности завернуть в фольгу. Жарить на крышке барбекю 10–15 минут. Готовые кальмары освободить от фольги, выложить на листья салата и полить сметаной. Подавать с ломтиками белого хлеба.

### Грузди с корнем сельдерея

*10 груздей • 1 корень сельдерея • 1 лавровый лист • 1,5 ч. л. соли • 40 мл кукурузного масла • 100 г сметаны • конверт из алюминиевой фольги.*

Грибы почистить, вымыть прохладной водой и отварить в подсоленной воде с лавровым листом в течение 30 минут. Грибы откинуть на дуршлаг и дать стечь воде. Затем грузди разрезать на две части. Корень сельдерея вымыть, почистить и натереть на крупной терке. Грибы соединить с сельдереем, полить маслом и упаковать в конверт из алюминиевой фольги. Жарить на крышке барбекю 15 минут, периодически переворачивая. Готовые грузди освободить от фольги, выложить на глубокую тарелку, полить сметаной и подавать к столу.

## Сухие грузди с чесноком

*200 г грибов • 50 г сливочного масла • 4 зубчика чеснока • 1 ч. л. соли.*

Грибы хорошо промыть холодной водой, отделить шляпки от ножек. Шляпки натереть чесноком и солью. Сливочное масло разогреть и смазать грибы. Жарить на решетке барбекю до тех пор, пока грибы не приобретут золотистый цвет. Подавать грузди с салатом из свежей зелени.

## Грузди со сметаной

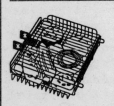

*400 г груздей • 2 ч. л. соли • 1 лавровый лист • 2 горошины душистого перца • 1 гвоздика • 1 корица • 2 головки репчатого лука • 100 г сметаны • 30 г сливочного масла • конверт из алюминиевой фольги.*

Грибы почистить, вымыть прохладной водой и отварить в подсоленной воде с лавровым листом, душистым перцем, гвоздикой и корицей в течение 30 минут. Грибы откинуть на дуршлаг и дать стечь воде. Затем каждый гриб разрезать на четыре части. Лук почистить, вымыть и нарезать тонкими полукольцами. Грузди соединить с луком, посыпать маслом, натертым на крупной терке, и упаковать в конверт из алюминиевой фольги. Жарить на крышке барбекю 10 минут, переворачивая. Готовые грибы освободить от фольги, выложить на блюдо и полить сметаной. Подавать с белым горячим хлебом.

## Шампиньоны, фаршированные рисом и зеленым луком

500 г шампиньонов • 50 г подсолнечного масла • 1 головка репчатого лука • 1,5 стакана риса • 0,25 ч. л. черного молотого перца • 1 ч. л. соли, алюминиевая фольга.

Шампиньоны почистить, вымыть прохладной водой и слегка посолить. Рис отварить до готовности и промыть кипяченой водой. Шляпки шампиньонов отделить от ножек. Лук почистить, мелко нашинковать, обжарить на подсолнечном масле, соединить с рисом, посолить и поперчить. Полученный фарш положить в шляпки грибов. Каждую фаршированную шляпку в отдельности завернуть в алюминиевую фольгу и жарить на крышке барбекю 15 минут. Готовые шампиньоны освободить от фольги и выложить на блюдо. Подавать со сметаной и гренками из белого батона.

## Шампиньоны, фаршированные сыром

300 г шампиньонов • 1 головка репчатого лука • 30 г сливочного масла • 50 г твердого сыра • 1 пучок укропа • 0,5 ч. л. соли

• 0,25 ч. л. черного молотого перца • 0,25 ч. л. кинзы.

Грибы хорошо промыть прохладной водой, шляпки отделить от ножек. Ножки пропустить через мясорубку, лук мелко нашинковать и обжарить на сливочном масле. В эту смесь добавить перец, соль, кинзу, сыр, натертый на крупной терке, хорошо перемешать и нафаршировать шляпки. Фаршированные грибы жарить на крышке барбекю в течение 10–15 минут. Затем готовые грибы выложить на блюдо и посыпать мелко нарезанным укропом.

### Шампиньоны с блинами

*400 г шампиньонов • 1 головка репчатого лука • 0,5 ч. л. соли • 0,25 ч. л. смеси карри • 30 г сливочного масла • 3 блина из дрожжевого теста • конверт из алюминиевой фольги.*

Грибы почистить, вымыть и отварить в подсоленной воде в течение 7 минут. Грибы откинуть на дуршлаг, дать стечь воде и мелко нашинковать. Лук почистить, нарезать тонкими полукольцами и соединить с грибами. Шампиньоны с луком посолить, посыпать смесью карри, маслом, натертым на крупной терке, и упаковать в конверт из алюминиевой фольги. Жарить на крышке барбекю по 7 минут с каждой стороны. Готовые грибы освободить от фольги, разделить на три части и завернуть в блины. Подавать с горячим сладким чаем.

Вкусные штучки

Барбекю

## Рыжики с перцем

*400 г рыжиков • 1 ч. л. соли • 1 ч. л. молотого красного перца • 50 мл оливкового масла • 3 головки репчатого лука • 1 пучок укропа • конверт из алюминиевой фольги.*

Грибы почистить, вымыть прохладной водой и отварить в подсоленной воде в течение 10 минут. Затем откинуть их на дуршлаг и дать стечь воде. Рыжики нарезать соломкой. Лук вымыть, почистить и нарезать полукольцами. Рыжики соединить с луком, перцем и облить маслом. Все хорошо перемешать и упаковать в конверт из алюминиевой фольги. Жарить на крышке барбекю 15 минут. Готовые грибы освободить от фольги, выложить на блюдо и посыпать мелко нашинкованным укропом. Подавать с ячневой кашей.

## Опята

*500 г опят • 2 головки репчатого лука • 1 батон • 1 ч. л. соли • 1 ч. л. смеси карри • 70 мл оливкового масла.*

Грибы почистить, вымыть прохладной водой, отварить в подсоленной воде, откинуть на дуршлаг и дать стечь воде. Затем грибы пропустить через мясорубку с луком. Фарш посыпать смесью карри и обжарить на масле в течение 15 минут. Батон нарезать тонкими пластинками, полить маслом и жарить на крышке барбекю с двух сторон, пока не образуется золотистая корочка. Затем на кусочки батона выложить грибы. Подавать с горячим кофе.

### Опята с маслинами

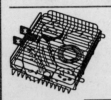

*300 г опят • 100 г маслин без косточек • 50 мл оливкового масла • 1 пучок укропа и петрушки • 300 мл оливкового рассола • конверт из алюминиевой фольги.*

Опята почистить, вымыть прохладной водой и отварить в оливковом рассоле в течение 10 минут. Затем грибы откинуть на дуршлаг и дать стечь жидкости. Опята соединить с оливками, полить маслом и упаковать в конверт из алюминиевой фольги. Жарить на крышке барбекю 15 минут, периодически переворачивая. Готовые грибы освободить от фольги, выложить в глубокую тарелку и посыпать мелко нашинкованной зеленью петрушки и укропа. Подавать охлажденными.

### Фаршированные дождевики

*600 г дождевиков • 3 яйца • 2 пучка зеленого лука • 80 мл подсолнечного масла • конверт из алюминиевой фольги.*

Грибы почистить, вымыть прохладной водой, шляпки отделить от ножек, посолить и оставить на час. Яйца отварить, почистить и мелко нашинковать. Лук вымыть, мелко нашинковать и соединить с яйцами. Фарш посолить и заполнить им шляпки грибов. Грибы облить маслом и упаковать в конверт из алюминиевой фольги. Жарить на крышке барбекю по 12 минут с каждой стороны. Фаршированные грибы освободить от фольги, выложить на блюдо и подавать к столу.

### Лисички с соусом из хрена

*300 г лисичек • 1 ч. л. соли • 1 ч. л. сахара • 30 мл подсолнечного масла • 100 г соуса из хрена.*

Грибы почистить, вымыть прохладной водой и отварить в подсоленной воде в течение 20 минут. Затем грибы откинуть на дуршлаг и дать стечь воде. Грибы посахарить, облить маслом, перемешать и жарить на крышке барбекю 10–15 минут, периодически помешивая. Готовые лисички выложить на блюдо и полить соусом. Подавать охлажденными.

### Рядовки с домашней лапшой

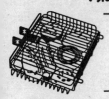

*500 г рядовок • 2 головки репчатого лука • 1 ч. л. соли • 1 ч. л. сладкого молотого перца • 70 мл подсолнечного масла • 300 г домашней лапши.*

Грибы почистить, хорошо вымыть прохладной водой, обсушить и нарезать соломкой. Лук вымыть, почистить, нарезать тонкими кольцами и соединить с грибами. Грибы и лук посолить, поперчить, облить маслом и жарить на крышке барбекю 20 минут, периодически помешивая. Лапшу отварить и выложить вместе с грибами на блюдо. Подавать к столу со свежими огурцами.

### Сыроежки с чесноком

*300 г сыроежек • 3 зубчика чеснока • 0,5 ч. л. соли • 1 ч. л. сладкого молотого перца • 50 мл подсолнечного масла.*

Грибы почистить, вымыть прохладной водой и обсушить. Затем сыроежки посолить, поперчить, облить маслом и жарить на крышке барбекю 10–15 минут. Чеснок почистить, мелко нашинковать и посыпать им готовые грибы. Подавать к столу со сметаной и черным хлебом.

### Гриб баран с зеленью

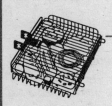

*1 гриб баран • 1 ст. л. соли • 1 пучок петрушки и укропа • 50 мл оливкового масла • 1 ч. л. сладкого молотого перца • конверт из алюминиевой фольги.*

Гриб почистить, вымыть прохладной водой и отварить в подсоленной воде в течение 20 минут. Затем гриб обсушить, нарезать небольшими кусочками и посыпать перцем. Кусочки полить маслом, посыпать мелко нашинкованной зеленью укропа и петрушки и упаковать в конверт из алюминиевой фольги. Жарить на крышке барбекю 10 минут, переворачивая. Гриб освободить от фольги и выложить на блюдо. Подавать к столу с отварным рисом.

### Гриб баран с зеленым чесноком.

*1 гриб баран • 3 зеленых пера чеснока • 30 мл оливкового масла • 2 ч. л. соли.*

Гриб почистить, вымыть прохладной водой и отварить в подсоленной воде в течение 15 минут. Затем достать его из воды, обсушить, разделить на 7 частей, смазать маслом и жарить на крышке барбекю семь минут. Гриб положить на глубокую тарелку, посыпать мелко нашинкованным чесноком, закрыть крышкой и оставить на 5 минут. Подавать с гренками из белого хлеба и горчицей.

### Грибы в рисовой бумаге

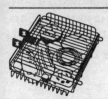

*500 г шампиньонов • 30 г сливочного масла • 4 листа рисовой бумаги • 0,25 ч. л. смеси карри • 0,5 ч. л. соли • 1 пучок петрушки • конверт из алюминиевой фольги.*

Грибы почистить, вымыть прохладной водой и обсушить. Затем шампиньоны нарезать соломкой, посолить, посыпать смесью карри, маслом, натертым на мелкой терке, и упаковать в конверт из алюминиевой фольги. Жарить на крышке барбекю 20 минут, периодически переворачивая. Петрушку вымыть и мелко нашинковать. Грибы освободить от фольги, посыпать зеленью петрушки, разделить на четыре части и завернуть в рисовую бумагу. Подавать с белым сухим вином.

## Подберезовики

*300 г подберезовиков • 0,5 ч. л. соли • 0,25 ч. л. куркумы • 0,25 ч. л. черного молотого перца • 1 головка репчатого лука • 20 мл оливкового масла • конверт из алюминиевой фольги.*

Грибы хорошо вымыть прохладной водой и отварить в течение 7 минут в воде с солью и луком. Грибы откинуть на дуршлаг и дать стечь воде. Подберезовики положить в глубокую тарелку, посыпать куркумой, перцем, хорошо перемешать и оставить на 10 минут. Затем грибы полить маслом и упаковать в конверт из алюминиевой фольги. Жарить на крышке барбекю по 7 минут с каждой стороны. Готовые грибы освободить от фольги и выложить на блюдо. Подавать с отварной гречей.

## Отбивные из телятины

*400 г филе телятины • 0,25 ч. л. черного молотого перца • 1 ч. л. соли • 2 зубчи-*

## Барбекю

ка чеснока • 1 лайм • 50 г сливочного масла.

Мясо промыть прохладной водой, нарезать ломтиками, толщиной в палец, отбить с двух сторон, сбрызнуть соком, выжатым из лайма, и оставить на 5 минут. Затем натереть перцем, солью, чесноком, пропущенным через чесночницу. Масло разогреть и смазать мясо. Жарить на решетке барбекю до готовности. Подавать со свежими красными помидорами.

## Отбивные из свинины

**1-й способ**

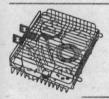

500 г вырезки свинины • 3 зубчика чеснока • 0,25 ч. л. красного молотого перца • 0,25 ч. л. кинзы • 1—2 ч. л. соли • 50 мл растительного масла • 1 пучок петрушки.

Мясо промыть прохладной водой, нарезать ломтиками, толщиной в палец, отбить с двух сторон, натереть перцем, кинзой, солью, чесноком, пропущенным через чесночницу, положить в эмалированную посуду и оставить на 15 минут. Затем облить маслом и жарить на решетке барбекю с двух сторон, пока мясо не приобретет золотистый цвет. Выложить на блюдо, посыпать мелко нарубленной зеленью петрушки. Подавать с красными помидорами.

### 2-й способ

*500 г вырезки свинины • 2 ч. л. соли • 1 ч. л. молотого черного перца • 1 пучок зелени петрушки • 5 свежих красных помидоров • 30 мл подсолнечного масла.*

Мясо хорошо промыть, нарезать небольшими пластинками и отбить с двух сторон. Затем мясо хорошо натереть со всех сторон солью и перцем, сбрызнуть маслом и жарить на крышке барбекю 10 минут, периодически переворачивая. Подавать свиные отбивные с зеленью петрушки и красными помидорами, нарезанными небольшими кубиками.

### Отбивные из говядины

*400 г мякоти говядины • 1,5 ч. л. соли • 0,5 ч. л. черного молотого перца • 0,25 ч. л. имбиря • 1 пучок зеленого лука • 20 мл подсолнечного масла.*

Мясо хорошо промыть, нарезать небольшими пластинками (мясо режется поперек волокон), отбить с двух сторон и хорошо натереть солью, перцем, имбирем и оставить на 5 минут. Затем обмазать маслом и жарить на решетке барбекю 10–12 минут. Готовые отбивные посыпать мелко нарезанным зеленым луком и подавать к столу с печеным картофелем.

## Отбивные из говядины с яблоками

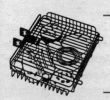

*300 г мякоти говядины • 2 крупных яблока кислого сорта • 0,5 ч. л. соли • 1 пучок петрушки • листья салата • алюминиевая фольга.*

Мясо хорошо вымыть, нарезать пластинками по 70–80 г, отбить с двух сторон и натереть солью. Яблоки вымыть и натереть вместе с кожурой на мелкой терке. Каждую отбивную обмазать яблочным пюре, завернуть в алюминиевую фольгу и положить в холодильник на 2 часа. Затем отбивные выложить на крышку барбекю и жарить по 15 минут с каждой стороны. Готовое мясо освободить от фольги, выложить на листья салата и посыпать мелко нарезанной зеленью петрушки.

## Отбивные из куропатки

*500 г филе куропатки • 2 ч. л. соли • 30 мл оливкового масла • 0,25 ч. л. черного молотого перца • 0,25 ч. л. сладкого молотого перца.*

Филе вымыть прохладной водой и нарезать пластинками по 70–80 г. Каждую пластинку отбить с двух сторон, натереть солью, перцем и оставить на 10 минут. Отбивные жарить на крышке барбекю, периодически смазывая маслом, по 7 минут с каждой стороны. Готовые отбивные подавать к столу с коричневым отварным рисом.

## Свиные эскалопы

*4 свиных эскалопа • 1 ч. л. перца паприка • 1 ст. л. муки • 50 мл подсолнечного масла • 100 мл томатного соуса.*

Эскалопы хорошо промыть, хорошо натереть солью, перцем, обсыпать мукой, полить маслом и жарить на решетке барбекю по 10 минут с каждой стороны. Затем выложить на блюдо и полить томатным соусом. Подавать со спаржевой фасолью и красным сухим вином.

## Заячья корейка

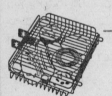

*500 г заячьей корейки • 0,5 ч. л. красного молотого перца • 0,25 ч. л. имбиря • 1 ст. л. 9 % уксуса • 1 л воды • 100 г сливочного масла • 1 ч. л. соли.*

Корейку промыть и замариновать на 5 часов (маринад: перец, соль, уксус, вода, имбирь). Затем разогреть сливочное масло и хорошо полить корейку. Мясо жарить на решетке барбекю до готовности. Подавать к столу со свежим сладким перцем.

## Грудка глухаря

**1-й способ**

*400 г грудки глухаря • 2 зубчика чеснока • 0,25 ч. л. базилика • 1 ст. л. соли •*

## Барбекю

*30 мл подсолнечного масла • 500 мл охлажденной кипяченой воды • 1 ст. л. 9 % уксуса.*

Грудку вымыть прохладной водой и нарезать пластинками по 100 г. Пластинки слегка отбить, положить в эмалированную кастрюлю, залить водой с уксусом, закрыть крышкой и поставить в прохладное место на 20 минут. Мясо достать из маринада, обсушить, натереть чесноком, базиликом, солью, смазать маслом и жарить на решетке барбекю по 7 минут с каждой стороны. Готовую грудку подавать с оливками.

### 2-й способ

*1 грудка глухаря • 1 ст. л. сахара • 1 ч. л. соли • 0,25 ч. л. семян горчицы • 400 мл охлажденной кипяченой воды • 2 лимона • 20 мл оливкового масла.*

Грудку вымыть прохладной водой, натереть сахаром, солью, семенами горчицы, положить в эмалированную кастрюлю, залить водой с соком, выжатым из лимонов, закрыть крышкой и поставить в прохладное место на 30 минут. Маринованное мясо достать из маринада, обсушить и жарить на крышке барбекю, периодически смазывая маслом, до готовности. Подавать с тушеными кабачками.

# Приготовление блюд на гриле, мангале, фондю и барбекю

## Куриные окорочка

*3 куриных окорочка • 2 лайма • 1 ч. л. соли • 0,5 ч. л. перца • 2 ст. л. столовой горчицы • 2 зубчика чеснока • алюминиевая фольга.*

Мясо промыть прохладной водой, отбить с двух сторон, побрызгать соком, выжатым из лаймов, и оставить на 15 минут. Затем натереть солью, перцем и чесноком, пропущенным через чесночницу, обмазать горчицей и каждый в отдельности окорочок завернуть в алюминиевую фольгу. Жарить на решетке барбекю 30 минут, периодически переворачивая. Подавать к столу с красным вином и хлебом.

## Куриное филе с фисташками

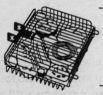

*500 г куриного филе • 100 г фисташек • 2 ч. л. соли • 0,5 ч. л. сладкого молотого перца • 30 мл оливкового масла • алюминиевая фольга.*

Филе вымыть прохладной водой и нарезать пластинками по 100 г. Каждую пластинку слегка отбить, натереть солью, перцем и оставить на 10 минут. Фисташки очистить от скорлупы и измельчить. Каждую пластинку обсыпать фисташками, облить маслом и завернуть в алюминиевую фольгу. Жарить на крышке барбекю по 7 минут с каждой стороны. Готовое мясо освободить от фольги и выложить на блюдо. Подавать с печеными красными помидорами.

## Грудка тетерева в кисломолочном напитке

*1 грудка тетерева • 200 мл кисломолочного напитка • 5 горошин черного перца • 1 лавровый лист • 1 ч. л. соли • 30 г сливочного масла.*

Грудку вымыть прохладной водой, слегка отбить, положить в эмалированную кастрюлю, посолить, поперчить, залить кисломолочным напитком, добавить лавровый лист, закрыть крышкой и оставить на 2 часа. Затем грудку достать из маринада, обсушить, смазать сливочным маслом и жарить на решетке барбекю с двух сторон, до готовности. Готовое мясо подавать с печеным картофелем.

## Рулеты из ветчины и шампиньонов

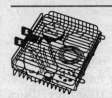

*400 г ветчины • 300 г шампиньонов • 0,5 ч. л. соли • 0,25 ч. л. смеси карри • 1 розовый помидор среднего размера • 40 г сливочного масла • деревянные палочки • алюминиевая фольга.*

Грибы почистить, вымыть и отварить в подсоленной воде в течение 5 минут. Помидор вымыть, очистить от кожицы и нарезать мелкими кубиками. Грибы откинуть на дуршлаг и дать стечь воде. Затем шампиньоны мелко нашинковать. Ветчину нарезать пластинками, толщиной с полпальца. Масло натереть на мелкой терке. Грибы соединить с помидорами, посыпать смесью карри и хорошо перемешать. Лист алюминиевой фольги расстелить на крышке барбекю. Грибы с помидорами завернуть в ветчину. Рулеты сколоть деревянной палочкой, обсыпать сливочным маслом и жарить на фольге 10 минут, часто переворачивая. Подавать с горячим сладким кофе.

### Филе индейки с фруктами

*400 г филе индейки • 2 лайма • 0,5 ч. л. соли • 0,25 ч. л. молотого черного перца • 70 мл подсолнечного масла.*

Филе индейки промыть холодной водой, нарезать ломтиками по 30 г, посолить, поперчить, залить соком, выжатым из лаймов. Хорошо перемешать, закрыть крышкой и оставить на 30 минут. Затем филе обмакнуть в масло и жарить на решетке барбекю до готовности. Мясо подавать с айвой и персиками.

### Рулеты из индейки с горчицей

*300 г филе индейки • 0,25 ч. л. перца паприка • 1 ч. л. соли • 3 ч. л. горчицы • 50 мл растительного масла • 100 г оливок • деревянные палочки.*

Филе промыть прохладной водой, разрезать на четыре ломтика. Каждый ломтик натереть с двух сторон солью и перцем. С внутренней стороны намазать горчицей и завернуть в рулеты, скрепив деревянной палочкой. Каждый рулетик обмакнуть в растительное масло и жарить на решетке барбекю до готовности. Подавать с оливками.

### Свиные ушки

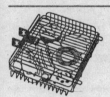

*5 свиных ушек • 2 ч. л. соли • 2 л воды • 3 горошины душистого перца • 5 горошин черного перца • 1 лавровый лист • 1 веточка эстрагона • 1 головка репчатого лука • 30 г столовой горчицы.*

Свиные ушки хорошо промыть в горячей воде и почистить. В эмалированную кастрюлю налить воду и довести до кипения. Затем добавить соль, перец, лук, эстрагон, лавровый лист и свиные ушки. Варить 30 минут на среднем огне. Достать из бульона ушки и жарить до румяной корочки на решетке барбекю. Подавать к столу с горчицей и ломтиками белого хлеба.

### Грудка цесарки с черносливом

*300 г грудки цесарки • 1 лавровый лист • 2 горошины черного перца • 100 мл белого сухого вина • 0,5 ч. л. соли • 1 головка репчатого лука • 200 г чернослива • 70 мл растительного масла.*

Промыть мясо цесарки прохладной водой, нарезать ломтиками по 30 г и залить маринадом на 30 минут (для маринада: лавровый лист, черный перец, вино, соль, мелко нарезанный репчатый лук). Маринованные ломтики облить маслом и жарить на решетке барбекю до готовности. Готовое мясо подавать с черносливом.

### Колбаски из индейки

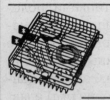

*500 г филе индейки • 200 г моркови • 100 г шпига • 1—2 ч. л. соли (по вкусу) • 70 мл оливкового масла • 0,5 ч. л. черного молотого перца • хлопчатобумажные белые нитки.*

Филе индейки хорошо промыть прохладной водой, нарезать ломтиками, отбить, натереть солью и перцем с двух сторон. Морковь отварить и нарезать соломкой длиной в 7 см. Шпиг нарезать соломкой длиной в 5 см. Шпиг и морковь положить на ломтики индейки и завернуть, придать форму колбаски и перетянуть белыми хлопчатобумажными нитками. Каждую колбаску обмакнуть в масле и жарить на решетке барбекю до готовности. Готовые колбаски освободить от ниток, разложить на блюде, украсив листьями салата. Подавать к столу с ржаным хлебом и столовой горчицей.

### Колбаски из свинины с сыром

*400 г мякоти свинины • 100 г твердого сыра • 50 г сливочного масла • 5 зубчиков чеснока • 2 ч. л. соли • белые хлоп-*

## Барбекю

...чатобумажные нитки • алюминиевая фольга.

Мясо хорошо вымыть, нарезать тонкими пластинками поперек волокон, натереть солью с двух сторон и обжарить на крышке барбекю в течение 5 минут с каждой стороны. Затем мясо выложить на блюдо. Сыр и масло нарезать тонкими пластинками, положить на каждый кусочек мяса и посыпать мелко нашинкованным чесноком. Мясо завернуть в форме колбасок, перевязать хлопчатобумажными нитками. Алюминиевую фольгу смазать маслом и сделать конверт. Колбаски сложить в конверт (в один ряд) и жарить на крышке барбекю по 15 минут с каждой стороны. Готовые колбаски выложить на блюдо, освободив от ниток. Подавать к столу с дольками красных помидоров.

### Сосиски с горчицей и зеленью

*7 молочных сосисок • 5 помидоров • 20 г горчицы.*

Сосиски освободить от оболочки и сделать надрезы в нескольких местах. В каждый надрез положить горчицу, перемешанную с укропом и петрушкой. Помидоры вымыть и выжать сок. Жарить на решетке барбекю, сбрызгивая помидорным соком. Подавать к столу с томатным соком.

## Шпигачки

*4 шпигачки • 0,5 ч. л. смеси карри.*

Шпигачки очистить от оболочки и разрезать вдоль на две части. Шпигачки жарить на решетке барбекю по 3 минуты с каждой стороны. Готовые шпигачки положить на плоскую тарелку и посыпать смесью карри. Подавать с красными помидорами, обжаренными на крышке барбекю в фольге.

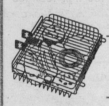

## Сардельки с чесноком

*5 свиных сарделек • 5 зубчиков чеснока • 1 пучок петрушки • 1 пучок укропа • 1 ст. л. столовой горчицы.*

Сардельки разрезать вдоль на две части, нарезать чеснок и им начинить сардельки. Затем сардельки пожарить на решетке барбекю в течение 15 минут. Готовые сардельки обмазать горчицей и посыпать мелко нарезанной зеленью петрушки и укропа. Подавать с картофельным пюре.

## Филе свинины

*500 г филе свинины • 250 мл белого вина • 0,5 ч. л. черного молотого перца • 0,5 ч. л. корицы • 50 мл растительного масла • 2 лавровых листа • 0,5 ч. л. соли • томатный соус.*

# Барбекю

Мясо промыть, нарезать широкими ломтями толщиной в палец и замариновать (для маринада: вино, перец, корица, лавровый лист, соль). Маринованное мясо обмакнуть в растительное масло и жарить на решетке барбекю, периодически переворачивая, до готовности. Подавать с томатным соусом.

## Свиная корейка

*500 г свиной корейки • 250 мл красного сухого вина • 2 лайма • 0,25 ч. л. черного молотого перца • 3 зубчика чеснока • 1 ч. л. соли.*

Корейку промыть, посолить, поперчить, натереть мелко нарубленным чесноком, сбрызнуть соком, выжатым из лаймов, и оставить на 20 минут. Затем жарить на решетке барбекю, поливая вином. Готовую корейку подавать с маслинами.

## Свинина в пиве

*400 г мякоти свинины • 3 головки красного лука • 0,25 ч. л. тмина • 0,25 ч. л. гвоздики • 1 ч. л. соли • 0,25 ч. л. черного молотого перца • 1 л светлого пива • 50 мл подсолнечного масла • алюминиевая фольга.*

Мясо хорошо промыть прохладной водой, сделать два надреза поперек волокон с одной стороны, натереть тмином, перцем, солью, положить в эмалированную кастрюлю, залить пивом и добавить гвоздику, лук, нарезанный тонкими кольцами, закрыть крышкой и оставить на 8 часов. Затем мясо достать из маринада, в надрезы положить маринованный лук, обмазать маслом, завернуть в алюминиевую фольгу и жарить на крышке барбекю по 20 минут с каждой стороны. Подавать с салатом из краснокочанной капусты и клюквы.

### Свинина с клюквой

*3 ломтика мякоти молодой свинины шириной в палец • 20 г клюквы • 3 зубчика чеснока • 2 ст. л. соли • 50 мл оливкового масла • алюминиевая фольга.*

Мясо хорошо вымыть, обсушить, начинить чесноком, клюквой, натереть солью и облить маслом. Затем каждый ломтик в отдельности завернуть в алюминиевую фольгу и жарить на крышке барбекю по 15 минут с каждой стороны. Готовое мясо освободить от фольги и выложить на блюдо. Подавать с зелеными листьями салата, пшеничным хлебом и сухим красным вином.

### Мякоть баранины

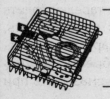

*400 г мякоти баранины • 0,5 ч. л. черного молотого перца • 2 ч. л. соли • 3 зубчика чеснока • 50 мл подсолнечного масла.*

# Барбекю

Мясо хорошо промыть, нарезать пластинками, толщиной в палец, отбить, натереть чесноком, пропущенным через чесночницу, и оставить на 15 минут. Затем мясо посолить, поперчить, облить подсолнечным маслом и жарить на решетке барбекю по 10 минут с каждой стороны. Подавать к столу с картофельным пюре.

### Филе телятины

*300 г филе телятины • 1 ч. л. соли • 200 мл белого сухого вина.*

Мясо хорошо вымыть, нарезать ломтиками, положить в посуду и залить вином на 20 минут. Затем мясо натереть солью и жарить на решетке барбекю 15–20 минут (в зависимости от размеров кусочков). Подавать это блюдо с салатом из моркови и лука.

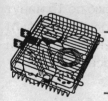

### Грудинка ягненка

*300 г грудинки ягненка • 20 мл винного уксуса • 1 зубчик чеснока • 0,5 ч. л. соли • 30 мл красного сухого вина.*

Грудинку вымыть, отбить с двух сторон, натереть солью, положить в большую глубокую тарелку, залить уксусом и оставить на 40 минут. Затем мясо обсушить, натереть чесноком со всех сторон и жарить на решетке барбекю до тех пор, пока не приобретет золотистый цвет. Во время жарки грудинку смазывать при помощи кисточки вином. Готовое мясо подавать к столу с зеленым пером лука.

## Говядина с грибным соусом

*500 г мякоти говядины • 1 ч. л. соли • 1 ч. л. перца паприка • 1 ч. л. имбиря • 50 мл подсолнечного масла.*

Мясо хорошо промыть, нарезать ломтиками, отбить, натереть солью, перцем, имбирем и оставить на 15 минут. Затем каждый ломтик облить маслом и жарить на решетке барбекю с двух сторон до готовности. Подавать с грибным соусом и ржаным хлебом.

## Кроличья корейка

*300 г кроличьей корейки • 0,5 ч. л. соли • 0,3 ч. л. красного молотого перца • 50 мл оливкового масла • 1 ч. л. имбиря.*

Корейку промыть, натереть солью, перцем, имбирем, сбрызнуть маслом и жарить на решетке барбекю с двух сторон до готовности. Подавать с овощной икрой.

## Рулеты из утки с чесноком и морковью

*400 г утиной грудки • 4 зубчика чеснока • 2 моркови среднего размера • 1 ч. л. соли • 0,5 ч. л. черного молотого пер-*

Вкусные штучки

Барбекю

ца • *50 мл оливкового масла* • *деревянные палочки.*

Грудку промыть прохладной водой, разрезать на четыре широких ломтика, отбить, натереть с двух сторон солью и перцем, начинить мелко нарубленным чесноком и морковью, натертой на крупной терке, свернуть в форме рулета и скрепить деревянными палочками, смазать оливковым маслом. Жарить на крышке барбекю до готовности, периодически переворачивая. Подавать с томатным соком и кусочками белого хлеба.

## *Куриное филе*

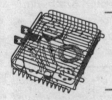

*400 г куриного филе* • *1 ч. л. сладкого молотого перца* • *0,5 ч. л. соли* • *50 мл оливкового масла* • *1 пучок петрушки и укропа.*

Филе вымыть прохладной водой, нарезать полосками, посолить, поперчить, полить оливковым маслом и жарить на крышке барбекю, периодически переворачивая, до тех пор, пока не образуется золотистая корочка. Готовое мясо выложить на блюдо и посыпать мелко нашинкованной зеленью петрушки и укропа. Подавать с гренками из белого хлеба.

## *Филе цыпленка бройлера*

*500 г филе цыпленка бройлера* • *50 мл растительного масла* • *0,5 ч. л. красно-*

го молотого перца • 1 ч. л. соли • 1 лимон • 0,25 ч. л. имбиря.

Мясо промыть прохладной водой, обсушить, сбрызнуть лимонным соком, натереть перцем, солью и имбирем, смазать маслом. Жарить на решетке барбекю с двух сторон до готовности. Подавать с красным сухим вином и сладким желтым перцем.

## Куриные грудки в карамели

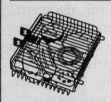

3 куриных грудки • 500 мл воды • 0,5 ч. л. сахара • 1 ст. л. уксуса из белого вина • 0,5 ч. л. сладкого молотого перца • 2 ст. л. карамельного сиропа • 30 мл подсолнечного масла • 3 конверта из алюминиевой фольги.

Грудки вымыть прохладной водой, слегка отбить, положить в эмалированную кастрюлю, посыпать сахаром, перцем, залить водой с уксусом, закрыть крышкой и оставить на час. Затем мясо достать из маринада, обсушить, смазать сиропом и оставить на 7 минут. Грудки облить маслом и каждую в отдельности упаковать в конверт из алюминиевой фольги. Жарить на крышке барбекю по 10 минут с каждой стороны. Готовое мясо освободить от фольги и выложить на блюдо. Подавать с фруктовым соком.

## Барбекю

### Куриная печень

*300 г куриной печени • 2 головки репчатого лука • 0,25 ч. л. смеси карри • 2 лимона • 0,5 ч. л. соли • 1 лавровый лист • 50 мл оливкового масла • конверт из алюминиевой фольги.*

Куриную печень хорошо вымыть прохладной водой, положить в эмалированную кастрюлю, сбрызнуть соком, выжатым из лимонов, закрыть крышкой и оставить на 15 минут. Затем печень обсушить, посолить, посыпать смесью карри, добавить лавровый лист, лук, нарезанный кольцами, облить маслом и упаковать в конверт из алюминиевой фольги. Жарить на крышке барбекю по 15 минут с каждой стороны. Готовую печень освободить от фольги, выложить на блюдо и полить сметанным соусом. Подавать с оливками и горячим отварным картофелем.

### Кроличьи окорока

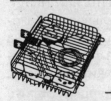

*4 кроличьих окорока • 2 лавровых листа • 1 головка репчатого лука • 5 горошин черного перца • 1 ч. л. соли • 250 мл красного сухого вина • 2 гвоздики • 50 мл подсолнечного масла.*

Окорока промыть холодной водой, отбить и замариновать на 2 часа (для маринада: лавровый лист, мелко нарезанный лук, перец, соль, вино, гвоздика). Затем мясо облить маслом и жарить на решетке барбекю до готовности. Подавать со сметаной и белым хлебом.

### Перепелка с горчицей и майонезом

*1 перепелка • 0,5 ч. л. соли • 0,5 ч. л. майорана • 20 мл оливкового масла • 20 г столовой горчицы • 10 г майонеза • алюминиевая фольга.*

Тушку перепелки разрезать на две части, вымыть, отбить, натереть солью и оставить на 30 минут. Затем мясо смазать горчицей, майонезом, облить маслом и завернуть каждую половину в отдельности в алюминиевую фольгу. Жарить на крышке барбекю по 20 минут с каждой стороны. Готовую перепелку освободить от фольги и выложить на блюдо. Подавать с красным сладким перцем.

### Свиные ребрышки

*500 г свиных ребрышек • 2 ч. л. соли • 1 ч. л. перца паприка • 50 мл винного уксуса • 1 л воды • 50 мл подсолнечного масла.*

Ребрышки хорошо промыть и замариновать на 40 минут (для маринада: уксус, вода). Затем маринованные ребрышки натереть солью, перцем, облить маслом и жарить на решетке барбекю до готовности. Подавать к столу с маринованным сладким перцем в томате.

## Свиная грудинка с соевым соусом

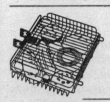

*200 г свиной грудинки • 3 ст. л. соевого соуса • 1 веточка эстрагона • 0,25 ч. л. молотого красного перца • 20 мл подсолнечного масла • 0,5 ч. л. соли • алюминиевая фольга.*

Грудинку вымыть и нарезать тонкими пластинками. Пластинки положить в глубокую тарелку, сбрызнуть соевым соусом, посолить, поперчить, посыпать мелко нашинкованным эстрагоном и оставить на 30 минут. Затем на крышку барбекю расстелить лист алюминиевой фольги, смазать его маслом и подождать, пока масло не разогреется. Потом маринованную грудинку обжарить на фольге в течение 10–12 минут с каждой стороны. Готовое мясо выложить на блюдо и подавать к столу с картофелем, приготовленным на пару.

## Говяжий язык под грибным соусом

*400 г говяжьего языка • 0,25 ч. л. гвоздики • 2 ч. л. соли • 1 лавровый лист • 1 горошина душистого перца • 50 мл подсолнечного масла • 150 г грибного соуса.*

Язык вымыть и отварить со специями до готовности. Затем язык нарезать ломтиками, облить маслом и жарить на крышке барбекю до тех пор, пока не образуется румяная корочка. Готовые ломтики выложить на блюдо и полить грибным соусом. Подавать с белым хлебом и свежими овощами.

### Куриные гребешки

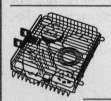

*200 г куриных гребешков • 1 ч. л. соли • 5 горошин душистого перца • 1 зубчик чеснока • 200 мл винного уксуса • 20 мл подсолнечного масла • конверт из алюминиевой фольги.*

Гребешки вымыть и отварить в кипящей воде с солью и душистым перцем в течение 20 минут. Затем гребешки откинуть на дуршлаг и дать стечь воде. Гребешки положить в эмалированную кастрюлю, залить уксусом, добавить чеснок, пропущенный через чесночницу, закрыть крышкой и поставить в прохладное место на 30 минут. Гребешки достать из маринада, обсушить, облить маслом и упаковать в конверт из алюминиевой фольги. Жарить на крышке барбекю по 7 минут с каждой стороны. Готовые куриные гребешки освободить от фольги и выложить на блюдо. Подавать с томатным соусом и салатом из моркови.

### Гусиная грудка с шалфеем

*1 гусиная грудка • 1 веточка шалфея • 1 ч. л. соли • 0,5 ч. л. сладкого молотого перца • 30 мл оливкового масла • 1 ч. л. винного уксуса • конверт из алюминиевой фольги.*

## Барбекю

Мясо хорошо вымыть и отварить в подсоленной воде до готовности. Затем грудку достать из воды, обсушить, натереть перцем, сбрызнуть уксусом, облить маслом, посыпать мелко нашинкованным шалфеем и упаковать в конверт из алюминиевой фольги. Жарить на крышке барбекю по 5 минут с каждой стороны. Готовое мясо освободить от фольги и выложить на блюдо. Подавать с квашеной капустой и клюквой.

### Утиная грудка с черемшой

*1 утиная грудка • 3 черемши • 500 мл воды • 1 ч. л. соли • 20 мл подсолнечного масла • 1 ч. л. 9 % уксуса.*

Грудку вымыть прохладной водой, слега отбить, положить в эмалированную кастрюлю, залить водой с уксусом, посолить, добавить черемшу, закрыть крышкой и оставить на час. Мясо достать из маринада, обсушить, смазать маслом при помощи кисточки и жарить на решетке барбекю по 10–12 минут с каждой стороны. Подавать с консервированным чесноком.

### Гусиные шейки

*2 гусиные шеи • 100 мл винного уксуса с чесноком • 0,5 ч. л. соли • 0,25 ч. л. смеси карри • 30 мл оливкового масла.*

Шеи хорошо вымыть, положить в эмалированную кастрюлю, залить винным уксусом с чесноком, закрыть крышкой и поставить в прохладное место на 6 часов. Затем шеи натереть солью, смесью карри, облить маслом и жарить на крышке барбекю до готовности. Подавать с отварной свеклой и черносливом.

### Китовое мясо с овощами

*200 г китового мяса • 1 морковь • 2 головки репчатого лука • 1 ч. л. соли • 50 мл оливкового масла • 0,5 ч. л. смеси карри • конверт из алюминиевой фольги.*

Мясо хорошо вымыть и нарезать соломкой. Морковь почистить и натереть на крупной терке. Лук почистить, нарезать тонкими полукольцами и обжарить с морковью на масле в течение 5 минут. Затем мясо посолить, посыпать смесью карри, полить маслом и соединить с овощами. Мясо с овощами упаковать в конверт из алюминиевой фольги. Жарить на крышке барбекю по 12 минут с каждой стороны. Готовое мясо и овощи освободить от фольги и выложить на блюдо. Подавать с дольками свежих розовых помидоров.

# СОДЕРЖАНИЕ

ОТ АВТОРА .................. 3

ПОЛЕЗНЫЕ СОВЕТЫ ... 5

## ГРИЛЬ .................. 6

Цыпленок бройлер ............ 6
Бройлерный цыпленок
с опятами .................. 11
Бройлерные грудки
с бальзамическим
уксусом .................. 11
Бройлерные грудки
в хлебном квасе .............. 12
Курица в майонезе .......... 12
Крылышки к пиву .......... 13
Куриные окорочка .......... 13
Цесарка .................. 14
Грудка индейки .............. 15
Голень индейки .............. 16
Куропатка с чесноком ...... 16
Куропатка
с черносливом ................ 17
Куропатка с черемшой ...... 17
Домашняя утка .............. 18
Перепелка .................. 19
Перепелиные грудки
в кукурузном рассоле ........ 19
Фазан .................. 20
Грудка куропатки .............. 21
Тетерев с кукурузой ........ 22
Свиные отбивные ............ 22
Сочная буженина
с перцем .................. 23
Вырезка свинины
с базиликом .................. 23
Мякоть свинины .............. 24
Грудинка ягненка
с красным перцем ............ 24
Мякоть баранины ............ 25
Окорок барана .............. 25
Баранья грудинка
с тмином .................. 26
Баранья ножка .............. 26
Отбивные из китового
мяса .................. 27
Телятина в козьем
молоке .................. 27
Сардельки .................. 28
Шпигачки .................. 28
Шпигачки с чесноком ........ 29
Сосиски с томатным
соусом .................. 29
Филе морского языка ........ 30
Филе морского языка
с зеленью петрушки ........ 30
Форель в горчице ............ 31
Салака в маринаде ............ 31
Горбуша в молоке ............ 32
Лобан .................. 32
Морской окунь .............. 33
Линь в яблочном уксусе ..... 33
Сиг, фаршированный
спаржей .................. 34
Речной окунь .............. 34
Лещ в томатном соусе ... 34
Щука с кориандром ........ 35
Путассу .................. 35
Толстолобик с клюквой .... 36
Карп в белом вине .......... 36
Желтый полосатик .......... 36
Скумбрия в красном
вине .................. 37
Скумбрия с чесноком ........ 37
Ставрида в томатном
соке .................. 38
Осетр с чесноком
и оливками .................. 38
Хек с имбирем .................. 39

## Приготовление блюд на гриле, мангале, фондю и барбекю

Кета .................................. 39
Налим с луком
и морковью ..................... 39
Язь с базиликом ............... 40
Семга с клюквенным
джемом ............................. 40
Навага ............................... 41
Треска с твердым сыром .. 41
Карась золотой ................. 42
Ледяная рыба ................... 42
Лосось ............................... 42
Тунец ................................. 43
Тунец с морковью
и луком ............................. 43
Морепродукты ................. 44
Кальмары с грибами ........ 44
Креветки со сладким
перцем .............................. 45
Дождевики с майонезом ... 45
Дождевик гигантский
с сухарями ....................... 46
Фаршированные рядовки .. 46
Сыроежки с изюмом ........ 47
Гриб боровик ................... 47
Сыроежки со сливочным
маслом ............................. 48
Сыроежки с лимоном ...... 48
Сыроежки в помидорном
рассоле ............................. 49
Лисички со сметаной ...... 49
Шампиньоны в маринаде .. 50
Шампиньоны с оливками ... 50
Белые грибы с сыром ...... 51
Гриб баран ....................... 51
Гриб баран со свежими
помидорами ..................... 52
Вешенки со смесью карри .. 52
Вешенки с бальзамическим
уксусом ............................ 53
Рыжики с бальзамическим
уксусом ............................ 53

Маслята с брынзой
и зеленью ......................... 54
Фаршированные молодые
маслята ............................. 54
Зонтик пестрый
с курицей ......................... 55

## МАНГАЛ ............... 56

Шашлык из цыпленка
бройлера ........................... 57
Шашлык из цыпленка
бройлера в ананасовом
соку ................................... 59
Шашлык из бройлерных
крылышек ........................ 59
Шашлык из курицы ......... 60
Шашлык из куриных
окорочков ........................ 60
Шашлык из куриной
грудки .............................. 61
Шашлык из куриных
бедрышек ......................... 61
Шашлык из куриного
филе в кисломолочном
напитке ............................. 62
Шашлык из куриной
грудки в пиве .................. 63
Шашлык из курицы
и лисичек ......................... 63
Шашлык из куропатки ...... 64
Шашлык из домашней
утки ................................... 64
Шашлык из дикой утки ...... 66
Шашлык из утиной
грудки .............................. 66
Шашлык из цесарки ......... 67
Шашлык из индейки ........ 68
Шашлык из индюка
и подосиновиков ............. 68
Шашлык из фазана ........... 69

## Вкусные штучки

### Содержание

Шашлык из домашнего гуся .................. 70
Шашлык из дикого гуся ..... 71
Шашлык из гусиной грудки ........................ 71
Шашлык из гусиной печени ........................ 72
Шашлык из гусиных грудок и подосиновиков ...... 72
Шашлык из петуха ......... 73
Шашлык из глухаря .......... 73
Шашлык из кролика ......... 74
Шашлык из зайчатины ...... 76
Шашлык из дикого козла ... 77
Шашлык из мякоти свинины ........................ 78
Шашлык из свинины с оливковым маслом и вином ........................... 79
Шашлык из мякоти свинины в козьем молоке .. 80
Шашлык из свинины с чесночными стрелками ... 80
Шашлык из свиных ушек ... 81
Шашлык из свинины в томатном соке ............. 82
Шашлык из свиной грудины ....................... 82
Шашлык из свинины и подберезовиков ............ 82
Шашлык из мякоти молодого поросенка ......... 83
Шашлык из говядины ......... 84
Шашлык из говядины в томатном соке ............ 85
Шашлык из говядины с горчицей ..................... 86
Шашлык из конины .......... 86
Шашлык из телятины ....... 88
Шашлык из телятины с айвой ......................... 90
Шашлык из молодой телятины с листьями лимона ........................ 90
Шашлык из оленины .......... 91
Шашлык из рубленого мяса ........................... 91
Шашлык из дикого кабана ......................... 92
Шашлык из грудинки ягненка ...................... 92
Шашлык из грудинки ягненка в соевом молоке .. 93
Шашлык из баранины ....... 94
Шашлык из лося ............... 95
Шашлык из нутрии .......... 96
Шашлык из китового мяса ........................... 97
Шашлык из шпигачек ...... 98
Шашлык из сосисок .......... 99
Шашлык из сосисок и цветной капусты .......... 99
Шашлык из сарделек ....... 100
Шашлык из кальмаров ..... 100
Шашлык из мяса мидий ... 102
Шашлык из креветок ...... 102
Шашлык из мяса осьминога ....................... 103
Шашлык из маринованных шампиньонов и кальмаров ..................... 103
Шашлык из горбуши ........ 104
Шашлык из скумбрии ....... 104
Шашлык из лосося ............ 105
Шашлык из филе морского языка ............... 105
Шашлык из морского языка в ананасовом рассоле ......................... 106
Шашлык из кеты ............. 107
Шашлык из сардинеллы ... 107
Шашлык из севрюги ......... 108

Шашлык из трески ......... 109
Шашлык из осетра .......... 110
Шашлык из филе
морского окуня ............. 110
Шашлык из форели ........ 111
Шашлык из сардины ....... 111
Шашлык из белуги ......... 112
Шашлык из филе сельди ... 113
Шашлык из палтуса ....... 114
Шашлык
из подосиновиков ............. 114
Шашлык
из шампиньонов ............... 115
Шашлык из белых
грибов ................................ 115
Шашлык из моховика ..... 116
Шашлык из сыроежек ..... 116
Шашлык из вешенок ....... 117
Шашлык из лисичек ........ 117
Шашлык из зонтика
пестрого ........................... 118
Шашлык из маслят ........ 118
Шашлык из вешенок
и зонтика пестрого ........ 119
Шашлык
из подберезовиков ........... 119
Шашлык из дождевиков ... 120
Шашлык из цветной
капусты и помидоров ...... 121

# ФОНДЮ ............. 122

Фондю из шоколада ........ 123
Фондю из молока
и крахмала ..................... 123
Фондю с яблоками ......... 124
Фондю с ананасами ....... 124
Фондю из клубничного
сиропа ............................ 125
Фондю из молока
и шоколада ..................... 125
Фондю из молока и муки .. 126
Фондю с бананами ......... 126
Фондю с мандаринами .... 126
Фондю с клубникой ........ 127
Фондю с черешней ........ 127
Фондю с попкорном ....... 128
Фондю с крекерами ....... 128
Фондю с черносливом ..... 129
Фондю с бисквитом ....... 129
Фондю с вафельными
трубочками ..................... 129
Фондю с кукурузными
палочками ...................... 130
Фондю с оливками ......... 130
Фондю из сыра .............. 130
Фондю из пикантного
сыра ............................... 131
Фондю с ветчиной ......... 131
Фондю с сыром трех
видов .............................. 132
Фондю с пивом .............. 132
Фондю с филе говядины ... 133
Фондю с сосисками ....... 133
Фондю с потрошками ..... 134
Фондю со свиными
сардельками ................... 134
Фондю с цветной
капустой ........................ 135
Фондю с маслятами ....... 135
Фондю с лисичками ....... 136
Фондю с грибными
мини-пельмешками ......... 136
Фондю с филе морского
языка ............................. 137
Фондю с кальмарами ...... 137
Фондю с крабовыми
палочками ...................... 138
Фондю с морскими
гребешками .................... 138
Фондю с креветками ...... 138
Фондю с раковыми
шейками ......................... 139

## Вкусные штучки

### Содержание

**БАРБЕКЮ .......... 140**

Помидоры с сыром ........... 141
Помидоры, фаршированные креветками ...................... 141
Груши с вареньем из красной смородины ..... 142
Яблоки с морковью и орехами ........................ 142
Яблоки и груши с медом ... 143
Яблоки с ликером и сахаром ........................ 143
Яблоки со свеклой и изюмом ....................... 144
Яблоки, фаршированные шампиньонами .................. 144
Абрикосы с земляникой ... 145
Ананас под горячим шоколадом ........................ 145
Пикантные цуккини ........ 146
Спаржа под чесночным соусом ........................... 146
Земляная груша ............. 147
Цветная капуста ............. 147
Фаршированный лук ........ 147
Картофельные ломтики .. 148
Тыква с медом ................ 148
Персики с корицей и черешней ...................... 149
Айва с инжиром ............... 149
Перец с курицей ............... 150
Перец, фаршированный морепродуктами ............. 150
Перец с гусятиной ........... 151
Перец, фаршированный уткой .............................. 152
Красный сладкий перец ... 152
Сладкий перец, фаршированный шампиньонами .................. 153
Спаржевая фасоль .......... 153

Баклажаны с чесноком ... 154
Гренки с овощами ........... 154
Гренки с кабачками ......... 155
Фаршированные кабачки ......................... 155
Фаршированный картофель ...................... 156
Чудо-картофель ............. 157
Овощи в рисовой бумаге .. 157
Филе судака .................. 158
Путассу со сливочным маслом ........................ 158
Палтус в молоке............. 159
Рулетики из семги .......... 160
Рулетики из сельди ........ 160
Филе кеты ..................... 161
Сельдь с зеленью ........... 161
Филе сига ..................... 162
Филе морского языка с грейпфрутом ............... 163
Филе морского языка с белым вином ................. 163
Филе морского языка с твердым сыром ............. 164
Ледяная рыба с печеным картофелем .................... 164
Анчоусы ........................ 165
Сайра, фаршированная луком ............................ 165
Сайра с морковью ........... 166
Плотва ......................... 166
Рулеты из филе морского окуня ............................ 167
Фаршированный карп в фольге ....................... 167
Осетровые стейки ........... 168
Камбала с пряностями ... 169
Щука с горчицей ............. 169
Щука с анисом ............... 170
Рыба сырок с тмином ..... 170
Салака с белым соусом ... 171

## Приготовление блюд на гриле, мангале, фондю и барбекю

| | |
|---|---|
| Салака в сухарях ............ 171 | Зубатка ........................ 189 |
| Салака с лимоном ........... 171 | Раковые шейки с луком ... 189 |
| Налим с огурцами ........... 172 | Креветки с куркумой ...... 190 |
| Путассу ........................ 172 | Креветки в рисовой бумаге ........................ 190 |
| Окунь с грибами ............. 173 | |
| Хрустящий сиг ................ 173 | Кальмары с копченой грудинкой ..................... 191 |
| Судак с цветной капустой ...................... 174 | Морские гребешки ......... 191 |
| Семга ........................... 175 | Мидии с кориандром ...... 192 |
| Форель с горчицей .......... 175 | Морепродукты в бумаге из морских водорослей ... 193 |
| Сом с лимоном и зеленью ..................... 176 | Морепродукты с томатным соусом ........ 193 |
| Камбала с имбирем ......... 177 | Вешенки с картофелем .. 194 |
| Тунец с перцем чили ....... 177 | Вешенки с хрустящей корочкой ...................... 194 |
| Щука в томатном соке .. 178 | |
| Треска с оливками .......... 179 | Зонтик пестрый с луком ........................ 195 |
| Толстолобик фаршированный .............. 179 | Зонтик пестрый с оливками ..................... 195 |
| Судак с лимоном и анисом ...................... 180 | Отбивные из зонтика пестрого ........................ 196 |
| Спинки хека .................. 180 | Белый гриб .................... 196 |
| Гренки с лососем ............ 180 | Белый гриб, фаршированный рисом и зеленым луком ............. 197 |
| Сазан ........................... 181 | |
| Мойва хрустящая ............ 182 | |
| Корюшка с клюквой ........ 182 | Белый гриб, фаршированный гречей и мясом ........................... 198 |
| Отбивные из сома .......... 183 | |
| Сардинелла .................... 183 | |
| Аргентина с зеленью ...... 184 | Белые грибы с кальмарами ................. 198 |
| Тунец фаршированный ... 184 | |
| Камбала с шампиньонами ............. 185 | Грузди с корнем сельдерея ..................... 199 |
| Навага ......................... 185 | Сухие грузди с чесноком .. 200 |
| Хек в томатном соке ..... 186 | Грузди со сметаной ........ 200 |
| Морской язык в кисломолочном напитке ........................ 186 | Шампиньоны, фаршированные рисом и зеленым луком ............. 201 |
| Хамса с мятой .............. 187 | Шампиньоны, фаршированные сыром ... 201 |
| Сардина с лимоном ........ 187 | |
| Филе палтуса ................ 188 | Шампиньоны с блинами .. 202 |
| Лемонелла ..................... 188 | Рыжики с перцем ........... 203 |

## Содержание

| | |
|---|---|
| Опята | 203 |
| Опята с маслинами | 204 |
| Фаршированные дождевики | 204 |
| Лисички с соусом из хрена | 205 |
| Рядовки с домашней лапшой | 205 |
| Сыроежки с чесноком | 206 |
| Гриб баран с зеленью | 206 |
| Гриб баран с зеленым чесноком. | 207 |
| Грибы в рисовой бумаге | 207 |
| Подберезовики | 208 |
| Отбивные из телятины | 208 |
| Отбивные из свинины | 209 |
| Отбивные из говядины | 210 |
| Отбивные из говядины с яблоками | 211 |
| Отбивные из куропатки | 211 |
| Свиные эскалопы | 212 |
| Заячья корейка | 212 |
| Грудка глухаря | 212 |
| Куриные окорочка | 214 |
| Куриное филе с фисташками | 214 |
| Грудка тетерева в кисломолочном напитке | 215 |
| Рулеты из ветчины и шампиньонов | 215 |
| Филе индейки с фруктами | 216 |
| Рулеты из индейки с горчицей | 216 |
| Свиные ушки | 217 |
| Грудка цесарки с черносливом | 217 |
| Колбаски из индейки | 218 |
| Колбаски из свинины с сыром | 218 |
| Сосиски с горчицей и зеленью | 219 |
| Шпигачки | 220 |
| Сардельки с чесноком | 220 |
| Филе свинины | 220 |
| Свиная корейка | 221 |
| Свинина в пиве | 221 |
| Свинина с клюквой | 222 |
| Мякоть баранины | 222 |
| Филе телятины | 223 |
| Грудинка ягненка | 223 |
| Говядина с грибным соусом | 224 |
| Кроличья корейка | 224 |
| Рулеты из утки с чесноком и морковью | 224 |
| Куриное филе | 225 |
| Филе цыпленка бройлера | 225 |
| Куриные грудки в карамели | 226 |
| Куриная печень | 227 |
| Кроличьи окорока | 227 |
| Перепелка с горчицей и майонезом | 228 |
| Свиные ребрышки | 228 |
| Свиная грудинка с соевым соусом | 229 |
| Говяжий язык под грибным соусом | 229 |
| Куриные гребешки | 230 |
| Гусиная грудка с шалфеем | 230 |
| Утиная грудка с черемшой | 231 |
| Гусиные шейки | 231 |
| Китовое мясо с овощами | 232 |

— Серия «Вкусные штучки» —

Полтавец Наталия Сергеевна

# Приготовление блюд на гриле, мангале, фондю и барбекю

Ответственный редактор  *А. М. Спивак*

Корректор  *Т. Кузнецова*

Верстка  *А. Орленко*

Художник  *М. Сафиуллина*

Подписано в печать 15.02.2007 г.
Формат 84х108 $^1/_{32}$. Бумага тип № 2.
Гарнитура NewtonC. Печать офсетная.
Тираж 4000 экз. Заказ № 2386.

Издательство «ФЕНИКС»
344082, г. Ростов н/Д, пер. Халтуринский, 80

Отпечатано с готовых диапозитивов в ОАО «ИПП «Курск».
305007, г. Курск, ул. Энгельса, 109.
E-mail: kursk-2005@yandex.ru  www.petit.ru
Качество печати соответствует качеству
предоставленных заказчиком диапозитивов.

344082, г. Ростов-на-Дону, пер. Халтуринский, 80
Тел. (863) 261-89-53, 261-89-54, 261-89-55,
261-89-56, 261-89-57, факс 261-89-58
e-mail: torg@phoenixrostov.ru

## Для крупнооптовых покупателей

### Представительства в г. Москва

ул. Космонавта Волкова, д. 25/2, 1-й этаж, район метро «Войковское»
Контактное лицо — Моисеенко Сергей Николаевич
Тел. (495) 156-05-68, 450-08-35; 8-916-523-4376 ; e-mail: fenix-m@ultranet.ru

Шоссе Фрезер, д. 17, район метро «Авиамоторная»
Директор — Мячин Виталий Васильевич
Тел. (495) 107-44-98, 517-32-95, 711-79-81, 8-501-413-75-78;
e-mail: mosfen@bk.ru; mosfen@pochta.ru

Издательский Торговый Дом «КноРус»
ул. Б. Переяславская, 46, Метро «Рижская», «Проспект Мира»
Контактное лицо — Лебедев Андрей
Тел. (495) 680-02-07, 680-72-54, 680-91-06, 680-92-13; e-mail: phoenix@knorus.ru

### Представительство в г. Санкт-Петербург

198096, Санкт-Петербург, ул. Кронштадтская, 11, офис 17
Директор — Стрельникова Оксана Борисовна
Тел. (812) 335-34-84; e-mail: strelnikova.fenix@ptmail.ru

### Представительство в г. Новосибирск

ООО «ТОП-Книга». г. Новосибирск, ул. Арбузова, 1/1
Менеджер — Михайлова Наталья
Тел. (3832) 36-10-28 доб. 1438; e-mail: phoenix@top-kniga.ru

### Представительство в Украине

ООО ИКЦ «Кредо». г. Донецк, ул. Университетская, 96
Тел. +38 (062) 345-63-08, 339-60-85; e-mail: moiseenko@skif.net

### Самара и Тольятти

«Чакона» — книготорговая фирма
г. Самара, ул. Чкалова, 100; Тел. (846) 242-96-30
г. Тольятти. 15-й квартал, ул. Автостроителей, 56а, 2-й этаж
Тел. (8482) 30-84-17, 76-29-05
интернет магазин: www.chaconne.ru

Сайт Издательства «Феникс» http://www.phoenixrostov.ru

### По вопросам издания книг:
Тел. 8-863-2618950; e-mail: office@phoenixrostov.ru